红色青海

一个不缺氧缺精神的高地

梅卓 马非 ◎主编

青海人民出版社

图书在版编目（CIP）数据

红色青海 / 梅卓 , 马非主编 . -- 西宁 : 青海人民出版社 , 2023.2

ISBN 978-7-225-06405-5

Ⅰ . ①红… Ⅱ . ①梅… ②马… Ⅲ . ①散文集—中国—当代 Ⅳ . ① I267

中国版本图书馆 CIP 数据核字 (2022) 第 186407 号

红色青海

梅卓　马非　主编

出 版 人	樊原成
出版发行	青海人民出版社有限责任公司
	西宁市五四西路71号　邮政编码：810023　电话：（0971）6143426（总编室）
发行热线	（0971）6143516/6137730
网　　址	http://www.qhrmcbs.com
印　　刷	青海雅丰彩色印刷有限责任公司
经　　销	新华书店
开　　本	710mm×1020mm　1/16
印　　张	16.5
字　　数	180 千
版　　次	2023 年 2 月第 1 版　2023 年 2 月第 1 次印刷
书　　号	ISBN 978-7-225-06405-5
定　　价	68.00 元

版权所有　侵权必究

出版前言

雄踞地球第三极的青海，既是地理的高原，更是精神的高地。

在革命、建设、改革开放、新时代各个历史时期的峥嵘岁月，这片热土始终上演着英雄故事、响彻着奉献之歌、充盈着浩荡正气，留下许多如星光一样闪亮的红色遗迹遗址，成为缅怀先辈、筑牢红色根脉的教育阵地，映照中国共产党历久弥坚的初心使命，折射中国共产党波澜壮阔的百年征程。

红色资源是我们党艰辛而辉煌奋斗历程的见证，是最宝贵的精神财富。红色血脉是中国共产党政治本色的集中体现，是新时代中国共产党人的力量源泉。回望过往历程，眺望前方征途，我们必须始终赓续红色血脉，用党的奋斗历程和伟大成就鼓舞斗志、指引方向，用党的光荣传统和优良作风坚定信念、凝聚力量，用党的历史经验和实践创造启迪智慧、砥砺品格，继往开来，开拓前进，把革命先烈流血牺牲打下的红色江山守护好、建设好，努力创造不负革命先辈期望、无愧于历史和人民的新业绩。

可喜的是，在习近平新时代中国特色社会主义思想指引下，青海红色历史资源发掘在不断深入，青海红色文化的解读也不断升级，一批批视死如归的革命烈士、顽强奋斗的英雄人物、无私奉献的先锋模范的故事越发生动，形象愈加丰满，精神更加崇高，他们的事迹和精神丰盈并滋养着一代又一代青海人的精神世界。

正因如此，我们再一次把目光投向那些在班玛红军沟与当地牧民唱响军民鱼水之歌的红军，投向那些渡过黄河、奋勇西征，留浩歌在祁连天地、存忠贞于青海山川的红西路军，投向那些为勘探开采青海石油做出贡献的老石油人，投向修建青藏公路的慕生忠、时代楷模尕布龙、在金银滩草原为我国两弹研制付出青春甚至生命的工作人员……重温英雄模范事迹，传承红色基因，凝聚奋进力量。

本书通过对青海 19 个红色遗迹遗址的散文式抒写，再现那些热血奔涌、震撼人心的历史时刻，揭示信念与信仰、奋斗与奉献精神具有的撼动人心的伟大力量。愿青海大地丰厚的精神图谱，继续激励新时代的我们踔厉奋发、笃行不怠，用汗水换来收获，以实干开拓进取，创造现代化新青海更加美好的明天。

目录

祁连浩歌惊天地　　郭建强 …… 1

在新青海精神高地接受洗礼　　邢永贵 …… 17

红色的足迹
　　——寇从善同志纪念碑和故居　　李皓 …… 31

慕容古寨：金仓岭上的红色传奇　　王海燕 …… 43

镌刻在山坳上的琴弦
　　——湟源县"小高陵精神"探寻纪略　　朱立新 …… 57

黄河南岸：红星闪耀的村庄　　杨廷成 …… 67

花影里的远行
　　——十世班禅大师故乡行记　　龙仁青 …… 87

一片丹心双树红
　　——记青海省第一个农村党支部　　王十梅 …… 101

大写的尕布龙　王贵如 …… 111

草原秋风狂

　　——祁连县红西路军解放军二军纪念苑

　　　及熊厚发烈士牺牲地　刘大伟 …… 123

关于峨堡的红色记忆　牧子 …… 135

信仰的器皿

　　——精神高地二二一　寒竹 …… 153

覆灭与新生

　　——昂拉千户归顺记　王文泸 …… 169

年轻的生命依然在路上

　　——贵南县门合纪念馆　李万华 …… 185

红军在这里留下了足迹

　　——班玛县红军沟革命遗址　崔红霞 …… 195

铭记灾难　从悲壮走向豪迈

　　——参观玉树抗震救灾纪念馆有感　李向宁 …… 205

英雄"地中四"　曹建川 …… 219

叮咚叮咚的驼铃声

　　——走进莫河骆驼场　王丽一 …… 231

头枕昆仑巅

　　——慕生忠将军功耀青藏利泽高原　张旻 …… 245

祁连浩歌惊天地

文／郭建强

郭建强

1971年出生于青海西宁。中国作家协会会员,青海省作家协会副主席,西宁市作家协会主席,《青海法治报》总编辑。著有诗集《穿过》《植物园之诗》《昆仑书》,散文随笔集《大道与别径》等。获青海省第六届和第八届文学艺术创作奖,第二届中华优秀出版物奖,《人民文学》2015年度诗歌奖,2017年《文学港》储吉旺优秀奖,第二届孙犁散文奖双年奖。

还是小学生时,每逢清明,学校组织师生前往西宁南山烈士陵园,纪念红旗席卷祁连大山的红西路军英魂。那些勇士的故事,萦绕在陵园高处高达10.1米的纪念碑上,萦绕在青海的高山流云,也萦绕在我们的脑海里。纪念碑如同一副铁骨,赋予碑后赭红山体以历史的沉着。碑上镌刻红军之父朱德元帅的题词:"革命烈士永垂不朽!"

何谓不朽?《左传》有言:"大上有立德,其次有立功,其次有立言,虽久不废,此之谓不朽。"中国人深沉而敏锐地构建着生命伦理,追求着生生不息的"天行健"的生命价值。两千多年来,鲁大夫叔孙豹的"三不朽",成为知识分子以有限生命投融于无限长河的孜孜追求。这样的言说,在中国共产党成立之日起,得到了升华,被赋予了新的含义。为中国人民谋幸福,为中华民族谋复兴,这是中国共产党和她所领导的人民军队的宗旨。他们以大无畏的革命精神,极大地丰富了"不朽"这个词的含义,增加了这个词的分量。

在极其复杂的时代背景和极其艰难的作战形势中,红西路军渡过黄河,奋勇西征,留浩歌于祁连天地、存忠贞于青海山川,以铮铮铁骨为笔,殷殷鲜血为墨,诠释了"不朽"的崇高意义。

牺牲

"我们是失败了，但这是暂时的失败。我们整个革命斗争没有失败，我们永远不会失败。相信总有一天，我们会胜利地来到祁连山，把胜利的红旗插在祁连山！"

——李先念

1937年3月14日下午，雪原上的红日逐渐沉落，祁连大山的冰雪坚硬如石，风过枝梢草茎发出金属般的鸣响，寒气渗骨。

历经百战，仅存3000多人的红西路军，退至距离康隆寺40多里的石窝子时，如血的天空将大地浸染得十分悲壮和苍凉。

总指挥徐向前带领红三十军残剩的战士，击溃敌军凶猛的进攻后，匆匆赶到这个青山石沟崖下的大石坑。

那支由21800名指战员组成的雄师、渡河西征的劲旅血洒西北，今天在这个石窝子召开最后一次军政委员会。徐向前的目光扫过参会的师以上干部的脸。他们都是红西路军、中国革命的骨干，连日来的征战使他们疲惫不堪，连日来的牺牲使他们愤怒和不甘——在他们的脸上，徐向前读出了坚毅——这是中国共产人的精神底色。

红西路军总政委陈昌浩宣读命令的声音十分沉重：徐向前、陈昌浩离队东返陕北，向中央汇报情况。现有队伍分散游击，编为三个支队分路寻找生机……徐向前的脑海里，闪动着这支红色武装由弱到强的奋斗过程，闪动着分兵西进后的胜利场景，闪动着那些年轻的脸——那些将士、那些战友的脸，他们像星星一样闪烁，像星星一样隐没在祁连山侧的台地、旱原、土城、密林和草地……他听到心脏滴血的声音，感觉血珠一滴一滴渗出身体，沉重地敲砸着脚下的土地。这是残酷的生死别离，而战斗仍将继续，牺牲仍将继续，红旗仍要继续在天地之间飘扬,直到取得最后的胜利……

分兵后,左支队在大山中穿行、潜伏、战斗。他们要冲出山口,一路向西,直冲大漠,去完成那无比艰险的任务。"爬也要爬出祁连,爬到新疆,完成中革军委交付的任务!"这是支队负责人李先念的心声,也是所有同志们的信念。

可是,虎将熊厚发已不能随队战斗了。在三道流沟激战时,熊厚发的左臂动脉被敌人的子弹打断了,伤口发炎,胳膊肿胀得变了形。作为红西路军主力三十军的副军长、八十八师师长,熊厚发的作战经验自不待言。他深知此时支队轻装速进的重要性。"我要是再走,会是个累赘!不如让我留下来打游击!请组织给我留一份介绍信作证明,将来若是回到陕北根据地,我还是一名共产党员,如果我死了,也是为革命、为人民,毫不足惜!"李先念等战友闻言不禁泪涌,大家深知受伤的熊厚发留在这里,就等于是在死神的身边战斗。"我们背也要把你背出山!"山风如刀,收割着战友们的泪珠。熊厚发执意不肯随行,他知道使命大于个人生命。送别西进队友,熊厚发和其他同志三天内收拢了60多名流散的战士,继续抗击敌人。

3月22日,熊厚发和战士们在草岭遭遇搜山的敌人。弹尽粮罄的红军战斗到了最后一刻。激战中,熊厚发的腿部又受重伤,陷入重围。敌人像狼群围拢,逼迫他投降,熊厚发怒发冲冠,奋起战斗。凶残敌人的枪声响了,年仅23岁的红军虎将英勇就义。熊厚发威武不屈、不畏牺牲,深深地予敌人以震撼。他的故事从祁连深处传到了青海西宁,传到了红色延安。

多年后,当我们品读"为有牺牲多壮志"这句诗时,回望历史就能体会到那种无可比拟的牺牲之壮美。

1936年10月,中国工农红军四方面军总部及所属第三十军、九军、五军的21800多名忠勇将士，奉中共中央和中革军委命令，在甘肃靖远西渡黄河，奔赴河西。红西路军广大指战员怀着对中国革命的无限忠诚，自此艰苦征战于祁连山北侧。他们将生死置之度外，理想信念坚如磐石，展现了中国共产党党员以牺牲自我谋求人民幸福的伟大精神。在历时半年的西征中，这支英勇的部队涌现出无数熊厚发式的勇士，唱响了一曲英雄浩歌。

西征

"这一仗叫人十分痛心，我主力部队九军元气大伤，再也没有恢复过来，西路军在后来的战斗中主要靠三十军，五军人数少，名义上是个军，实际上不足一个师的兵力。剩下的是机关人员、医护人员、妇女独立团，战斗力毕竟是有限的。"

——徐向前《历史的回声》

1936年10月，中国工农红军第一、二、四方面军会师于甘肃会宁，举世闻名的两万五千里长征结束。党中央和毛泽东同志确定的战略总任务是"联合友军，粉碎蒋介石的灭共计划，首先造成西北抗日局面，以达逼蒋抗日，停止内战，组成全国抗日民族统一战线，动员一切力量战胜日本帝国主义。"

为此，要造成西北地区团结抗日局面，最关键的是红军占领宁夏和甘肃西部，打通与苏联的联系，取得苏联的帮助。红军三大主力集结西北，让蒋介石如芒在背。他一方面加紧督促张学良、杨虎城"剿共"；另一方面调集胡宗南、毛炳文、关麟征等25万大军齐聚黄河南岸。乌云压城，党中央和中革军委权衡轻重，于10月11日制订并发布了宁夏战役的具体部署，即《十月份作战纲领》。按照作战纲领，原定由红一方面军大部和红四方面军一部共同完成打通苏联的任务,因军情紧急,不仅红一方面军无暇西顾,就是身在河东的红四方面军四军和三十一军也是如此。河东河西的联系已被强敌切断,宁夏战役计划被迫中止。

形势复杂,作战计划常常随之变化。24日夜,红三十军二六三团在河包口一带突破黄河天险,随后红三十军、红九军、红五军和红四方面军总部奋勇渡河西进。红军前卫三十军连破敌防,先后击溃敌骑五师马禄第一旅和祁明山第三旅。之后,红三十军和红九军在攻坚和守卫战中均予敌大量杀伤,取得了一条山战斗的胜利。这是红军与马步芳军队的第一次较量,在历时四天的激战中,红军毙伤俘敌2000余人。敌前总指挥、骑五师少将参谋长马廷祥也一命归西。

1936年11月11日,党中央致电陈昌浩、徐向前,命令渡河部队组成西路军,艰苦的河西征战真正拉开了大幕。红西路军虽然设有三个军,但是经过长征和连番苦战,人员与弹药严重不足。自宁都起义以来,铁流后卫红五军屡建功勋。中央红军离开苏区开始长征后,红五军常常担任后卫,与数倍之敌厮杀于江畔山侧,实力受损严重。此时全军共四个团3000余人,枪1000余支,平均每枪只有5发子弹。红九军辖二十五师和二十七师,共6500余人,枪2500支,每枪平均15发子弹。三个军中三十军实力最强,也不过7000余人,枪3200支,每枪平均25发子弹。他们要面对的敌人则有七八倍之多,且在装备、地理、后援上占有更大优势。

红西路军决心克服一切艰难险阻,西进新疆,打通国际路线。徐向前陈昌浩率领三十军、总部和五军,攻取大靖,直插武威、永昌;王树声率领九军经过干柴洼、横梁山之战,由九军政委陈海松率领八十一团攻袭古浪城。古浪城地势低洼,城墙大部因早年地震坍塌,易攻难守。这是西北重镇凉州门户,是河西走廊要冲,古称虎狼关。16日,九军开进古浪,发动群众,宣传共产党的主张。

失去要地,国民党兰州绥靖公署主任兼第一路总司令朱绍良坐立不安,急令马步芳攻夺古浪,同时急调胡宗南部助阵。马家军精锐齐出,疯狂攻杀。11月16日到18日,红西路军与敌人的第一次决战在古浪城展开。在城南,九军二十七师七十四团,奋力阻击敌人进攻。面对敌人的飞机大炮、骑兵步兵,红军战士战斗到了最后一息。17日,全团指战员绝大部分壮烈牺牲。坚守城西碉堡的红军,同样血战至最后一刻,最后的三名勇士弹尽体伤,抱着机枪,从高高碉堡跳了下去……18日,敌人集中全部兵力再次攻城。中午时分,敌人终于用山炮轰开了古浪城墙一角,骑兵首先挥刀入城。在激烈的巷战中,一股敌人逼近了九军指挥部。军政委陈海松临危不惧,举枪反击。机关人员在政委的带领下全部参战,与前来接应的红二十师共同战斗。夜幕降临,红九军奋勇将敌人赶出古浪城。古浪之役,昼夜不息苦战三天,红九军在击杀敌人2500多人的同时,自身伤亡也达2400多人。军政委陈海松受伤,军参谋长陈伯雄、二十五师师长王海清、二十七师师长易汉文等将领牺牲。这场残酷的大战,九军元气大伤,遂于第二天深夜放弃古浪,突出重围,向河西腹地永昌四十里铺进发。

作为红西路军的一轮一翼,红九军的损伤对于以后战事影响极大。此后,孤军作战的红西路军面临更加艰难复杂的局面。红西路军行进在古丝绸之路,而前方的战火更加灼烈,祁连山的冬天就要来了。

血战

"这些来自鄂豫皖边、川陕边和宁都暴动的英雄儿女,赤胆忠心,顽强不屈,目标只有一个,为了胜利,为了明天。任何饥饿、严寒、风暴、死亡的阴影,都吓不倒他们。他们不愧是中国共产党缔造的红军队伍,不愧是全心全意为人民利益而奋斗的猛士。"

——徐向前《历史的回声》

红五军军长董振堂正要组织部队准备突围时,接到了驻守在临泽的军政委黄超的一封信。信中传达总部要求,即坚守高台这个打通国际路线的重要据点。董振堂知道,牺牲的时刻到了。

1937年1月1日,红五军由临泽西进,一举攻克高台县城。高台位居河西走廊中部,南边是巨龙般的祁连山。祁连山的融雪哺育着蒙古草原文明——著名的黑河由东向西横贯全境,在县城南部滔滔涌流。根据中革军委命令,西路军停止西进,在甘州、肃州地区建立根据地。红五军因此帮助高台人民成立了中华苏维埃政府。

> 太阳一出泛红霞,
> 黑河流水翻浪花。
> 高台来了共产党,
> 人民分粮喜洋洋。
> 打土豪,除恶霸,
> 劳动果实带回家。
> 说起红军共产党,
> 是咱亲人永不忘。

这首民歌流传于高台一带,表达了苏维埃政府成立后,人民喜悦的心情。生怕红军就此扎根立足,从12日开始,敌人的4个骑兵旅,3个步兵团,以及炮团和民团2万多人围攻高台。董振堂将有限的军力布置于守城要处。红五军的战士多出自西北,不少人出自甘青两省。从现在开始,他们要在故土浴血奋战。战斗一天比一天激烈,拼杀一天比一天残酷。董振堂看到城外两座可以控制全城的碉堡,最终被敌军攻破了。守卫碉堡的红军战士将作战能力发挥到极限,将生命的力量运用到了极限。壮烈赴死,使得这些红军将士姿容如神。董将军噙泪与战友告别,转而以高度的革命责任和深厚的军事素养布置城防。同时,他暗令骑兵团团长吕仁礼,在城北大佛寺城墙下挖了一个宽约1米、高约2米的大洞,以备突围。全军只有一部电台,设置于军政委处。血战高台的将士面临信息不通、孤立无援的境地。董振堂接到军令后,决心率领孤旅,死守阵地。18日夜,城西被敌军突破,红五军将士冒死巷战。19日,敌人攻势更猛,董振堂身先士卒坚守阵地。20日清晨,敌我双方犬牙交错,激战于城墙和街巷。呼啸的子弹,锋利的大刀,愤怒的呐喊,痛苦的呻吟,让这座古城成为人间炼狱。敌众我寡,力竭援绝,守卫高台的红军流尽了最后一滴血。经过八个昼夜的血战,政治部主任杨克明、十三师师长叶崇本、政委刘培基等2000多名战士壮烈牺牲。军长董振堂血洒疆场,不幸遇难。

马步芳和马步青下令将董振堂将军的头颅悬挂城楼示众,并送到南京向蒋介石请功。熟悉中国革命史和解放军军史的读者一定看到过这张照片:董将军的头颅就像是誓将打破旧世界的刑天,一股豪气、骨气、英雄之气扑面而来。

铸魂

祁连积雪静险氛

直上青霄冻塞云

———(清)陈宏德

经过高台、临泽等地的裹血力战,各路红西路军在倪家营子一带集合。连番苦战,一场硬仗接着一场硬仗,红西路军在极其不利的形势下,毙伤敌人近万人。然而,不利的局面始终没有改变。

这时已是 1937 年 2 月中旬,春天离祁连大山还很远。"大风起兮草木催,冻云压岭岭散聩;须臾雪花大如手,玉云鳞甲堆尘埃。"大山冰封雪飘,状况正如景廉之诗形容。距离甘州(张掖)60 多里地的倪家营子由 43 个村庄组成,是祁连山下戈壁滩上人口较集中、粮食相对丰裕的大自然村。饥寒交迫、兵困马乏的红西路军打算在这里休整,待天气暖和再图发展。然而,马步芳已调集七万人,企图将红军一口吃掉。

红西路军将兵力收缩在 20 多个村庄里,前沿阵地相接,纵深梯次配置,整个阵地构成一个椭圆形的防御圈环,凭垒固守。2 月 15 日,敌人重兵来犯,炮火惊天动地,战况摄人心魄。红军孤旅迎敌,后勤无补给,人员无补充。凭借坚强的革命意志,无论官兵,无论男女纷纷上阵杀敌。西路军的反击几乎依靠的是肉搏,大刀、长矛、木棍、石头……甚至牙齿,都成了战士们的武器。徐向前亲临前沿阵地指挥,为生存而战,为胜利而战。白天,红西路军予敌人以沉重打击;夜晚,战士们组成夜袭队,摧毁敌人的军火库,打击敌人的要害部位,展示了强大的作战能力。战斗最为激烈的是八十八师二六三团三营九连的防守阵地。全连在营指导员周纯麟的带领下击退敌人 20 多次进攻,毙敌 400 余人。当李先念、程世才带着援兵赶来时,130 余人的队伍只剩下 9 人还在持枪守卫。

倪家营子像一个巨大的绞肉机,将战场上的残酷淋漓尽致地展现出来。红西路军以崇高的信念、聪明才智和顽强的作风取得了一个又一个令敌人瞠目结舌的胜利。可是,毕竟孤军深入,有损无补,徐向前深为险恶境况揪心。红西路军召开军政委会议，大家一致赞成突围东返的主张。突围之战中，红西路军取得了几次胜利。可是，陈昌浩认为没有收到中央指令，部队不能东返。2月22日，红西路军重返倪家营子。敌人闻讯立即发动了更大规模进攻。兵力严重不足的红西路军与敌人反复争夺阵地，战士们用鲜血和骨头阻挡住了敌人一次又一次的疯狂攻击。2月27日，党中央决定组成援西军，准备增援红西路军。此时，红西路军面临失败的危险，再守倪家营子已无意义。1937年3月5日，红西路军再次突围。3月7日，占据了西南50里外的三道流沟。敌人尾随而至，战马嘶鸣，扬起的灰尘遮天蔽日。3月8日，红西路军八十八师在熊厚发的带领下，与马家军殊死决战。苦战五昼夜，熊厚发左臂受伤，红军损失惨重。3月11日，红西路军夜间突围，沿着祁连山戈壁滩，向梨园口进发。3月12日晨，敌人骑兵接踵而至，红九军为掩护红三十军奋力阻敌。半日激战，山河失色。九军仅剩的千余战士拼光，军政委陈海松、二十五师政委杨朝礼等一批将领壮烈牺牲。

接着，敌人全力进攻红三十军阵地，白刃交加，血肉横飞，战况之惨烈难以想象。红二六四团全部拼光，二六三团大部损失，西路军仅剩3000余人。当天，中央电示，为保存现有力量，红西路军一是冲向内蒙古地区，一是就地分散游击。3月13日，部队进入祁连山里的康龙寺地区，冻土、寒风、凉雪考验着这些铁血战士。在与数倍追赶而来的敌人的激战中，掩护总部转移的二六五团和二六七团遭受重大损失。西路军总部总供给部部长郑义斋、八十八师政治部主任张卿云等一大批指战员埋骨祁连。

在西宁中国工农红军西路军展馆，设计了以祁连山为背景的展台，前面以白石雕出花圈的形状，上书两句令人热血沸腾的联语："祁连山脉书不尽铁骨忠心 戈壁黄河掩不住先烈英名。"祁连，被古代匈奴人呼之为天。祁连山，有着天山之义。红西路军的勇士们为这座天山镀上了生命的金色，他们的忠魂与万古山川同在。

胜利

"留得青山在，不怕没柴烧。你能回来就好，有鸡就有蛋。"

————毛泽东语徐向前

1937年4月30日，历经千难万险的徐向前终于摆脱敌人追捕，被我党派出的援西军司令刘伯承接到自己的部队。6月18日，周恩来陪同徐向前乘机飞往延安。

刚到延安，毛泽东马上接见了这位红军名将。徐向前检讨工作失误，汇报红西路军惨败的情况。毛泽东安慰道："胜败乃兵家常事，你不要难过，留得青山在还怕没柴烧吗？你能回来就很好了，有鸡何愁没蛋呢？"

对于失败与胜利这对看似截然对立的概念，毛泽东和党中央有着立足于整体、全面和长久的认识。红西路军的征战，从战役的角度看是失败了，然而从战略上看，却在当时极其艰险复杂的政治军事环境中传播了中国共产党和中国工农红军的主张与精神，为牵制敌人、保护河东红军发挥了积极的作用。在军事上，同样显示了红军高超的指挥艺术和极强的作战能力。

尽管兵败祁连山，一大批优秀的指战员血洒沃土，但是从军师级干部到妇女独立团，再到散落于山野的战士，无不以威武不屈的战斗精神震慑敌人，激励同志。在被俘的红西路军战士中，同样留下了许许多多与敌人斗智斗勇的故事。面对敌人的残酷刑罚与死亡威胁，勇士们无所畏惧，大义凛然。红九军军长孙玉清是位身经百战的猛将。1937年3月，经过梨园口激战，他带伤在酒泉南山地区作战，终被敌人俘获。得知孙玉清的身份，马步芳大喜。他采取威逼利诱种种方法，力图劝降孙将军。自兵败以来，仅被押解到西宁的被俘战士，就有2000余人被敌人残杀于瓦窑沟、苦水沟、南滩大垇壑一带。荒山秃岭中尸骨狼藉，令人胆寒。在残酷的现实面前，孙玉清将军毫不犹豫地舍生取义，用鲜血和头颅捍卫了信仰和使命。"我能为革命献身，死而无憾，并引以为荣！"将军遗言，斩钉截铁，坚如祁连金石。红西路军自渡河西征战到兵败祁连，在长达2000多公里的河西走廊、祁连山北征战百次。这支英雄孤旅在予敌人以重大杀伤的同时，自身损失惨重。据不完全统计，仅牺牲的军职干部就达11人，师职33人，团职81人。没有坚定的信念，没有坚强的意志，没有如山的精神，没有忘我的奋斗和牺牲精神，就不可能铸就英雄的队伍，中国革命就不可能取得最终的胜利。英勇的红西路军，在中国共产党领导下奋勇西征，用鲜血写下了动人心魄的伟大诗篇。

事实上，红西路军也没完全失败。由李先念、程世才等人所带领左路支队经过多次生死激战，终于走出祁连山，到达星星峡。1937年5月4日，红西路军左路支队400余名战士，在党中央派来的陈云的率领下，乘车经哈密、吐鲁番、鄯善，于7月到达迪化（乌鲁木齐）。从这个角度看，红西路军完成了打通国际通道的任务。

黄沙百战穿金甲，不破楼兰终不还。历经千难万险，中国共产党和中国人民取得了一个个巨大的胜利，建立了新中国。胜利是对红西路军等革命英烈的告慰，胜利也提醒我们不要忘记走过的路。

2019年8月20日，习近平总书记在参观高台西路军纪念馆时发表重要讲话："新中国是无数革命先烈用鲜血和生命铸就的。要深刻认识红色政权来之不易，新中国来之不易，中国特色社会主义来之不易。西路军不畏艰险、浴血奋战的英雄主义气概，为党为人民英勇献身的精神，同长征精神一脉相承，是中国共产党人红色基因和中华民族宝贵精神财富的重要组成部分。我们要讲好党的故事，讲好红军的故事，讲好西路军的故事，把红色基因传承好。"

祁连浩歌惊天地，再踏征程写大诗！山河如画，需要后来者读懂历史，传承使命，创造未来。

在新青海精神高地接受洗礼

文／邢永贵

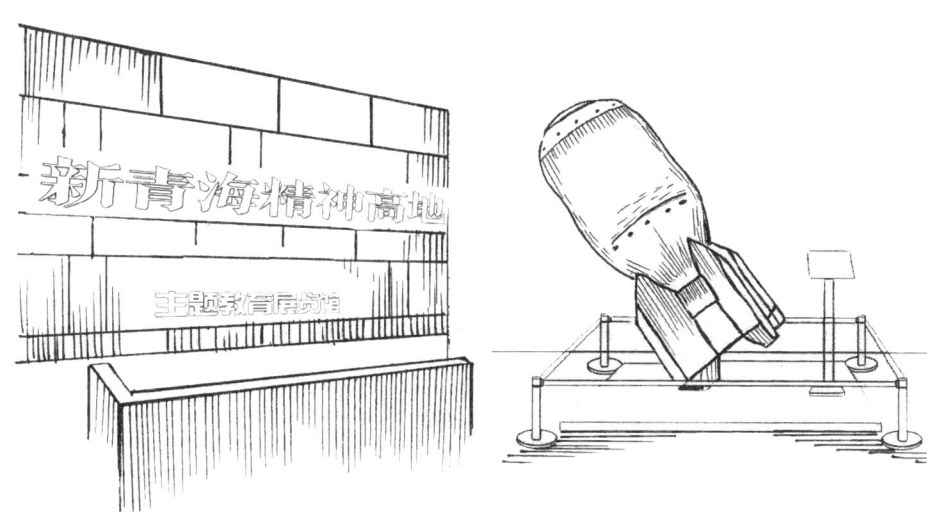

邢永贵

  青海互助人，现任青海省作协秘书长，中国作协第十届全委。作品发表于《星星》《青海湖》《黄河文学》《滇池》《诗江南》《北方作家》《光明日报》《青海日报》等，入选多种选本，曾获第五届青海省青年文学奖、第七届青海省文学艺术奖，出版诗集《低些，再低一些》、小说集《马圈的马》。

2019年10月25日早7时,大山深处的仓家峡村天还没完全亮起,一辆满载乘客的40座中巴车驶离村党支部停车场,在晨光中向着西宁行进。车上的人一看就知道是农民,一色的黑红脸膛,那是长年户外劳作的时光印痕。此刻,这些整日与土地、牛羊打交道的村民一改往日见面时惯有的相互戏谑、打闹举动,个个神情严肃,胸前的党徽灿灿闪亮。

他们是仓家峡村的党员和村干部,此行的目的地是位于青海美术馆的新青海精神高地展厅。进城次数不多的庄稼汉们将在高楼林立的城市展厅,回顾青海解放70周年的光辉历程,体悟青海改革、发展伟大成就。要在现实的展厅中穿过时空壁垒,在图文展板、实物资料、影像制品、微缩景观、艺术作品、声光电技术交互融汇的特殊课堂里漫游,一边听讲解,一边巡礼"两弹一星"奉献精神、慕生忠开路精神、尕布龙赤子精神、玉树抗震救灾精神、可可西里坚守精神,从让人仰视的精神高地丰沛的能量中,获取事业的信心、汲取向上的力量……

坐在前排的我,扭头看着这些朴实的庄稼汉子,不禁又想到了脱贫这项当前最大任务。2019年底,仓家峡村要实现"村出列、户脱贫"目标,担任近一年村第一书记的我,虽然对村里的脱贫成效心里有数,但即将到来的高标准脱贫验收,还是给了我很大压力。车里的这支队伍,无疑是我必须要紧紧依靠的力量,能在"大战一百天"的特殊时刻,组织他们去瞻仰被历史和人民高高树起的精神坐标,体现的是省文联领导对村里党建工作的重视和关心,但也有着我这个第一书记的一点"活思想":让大山深处的庄稼人走出大山,在城市开阔眼界,接受另一种形式的"应战"动员。

新宁广场南边,青海美术馆、青海省图书馆、青海省文化馆组成的建筑群,似一艘停泊在港湾的舰船。"美育教育示范地、新青海形象展示地、精神文明建设动员地、社会主义核心价值观传播地",这是青海美术馆的职能定位。进入这艘文艺巨舰内部,眼前的大厅形似一道"峡谷",阳光从"峡谷"顶部的彩色玻璃照泻而下,营造出了"峡谷"如梦似幻的气氛。

在省文联机关党委小祁的协调和组织下,这支从距西宁80多公里外大山里赶来的参观队伍有序走进展厅,走进了青海并不久远的历史,也走进了新青海精神的浩瀚之海……

惊天动地事与隐姓埋名人

坐落在海北金银滩的原子城,是我国第一个核武器研制、试验和生产基地,也就是国营二二一厂。"两弹一星"精神在青海生根萌发,激励着各族人民。

"两弹一星"厅里,无论大屏幕上正在播放的影片,还是实物、图片和美术作品,讲述的正是"干惊天动地事,做隐姓埋名人"的"人"和"事"。

我在屏幕前驻足。大屏幕上是23位"两弹一星"元勋的肖像。

毫无疑问，这是世界级别的科技天团，这个天团中每个人的名字都永远闪亮在中华人民共和国史册上。我看着屏幕上一幅一幅闪过的肖像，心中暗自猜测每一位元勋的姓名。

很容易就认出了钱学森，看过多遍纪录片，他的形象已经深深印进我的脑海。关于钱学森曲折的归国路，很多人都知道，甚至很多人也能说得出关于他的那句非常著名的话："我宁愿枪毙他，也不愿让他离开美国，他无论如何抵得上三到五个师的兵力。"

说这话的是时任美国海军部次长坎贝尔。

可是，任什么样的阻力都无法撼动一颗矢志归国，建设百废待兴的祖国的强大之心。离开美国前，钱学森对前来采访的记者说：

"我不打算要回来，我想尽我最大的努力，来协助中国人民建设一个能令他们活得快乐而有尊严的国家。"

义无反顾回到祖国，为"两弹一星"默默奉献一生的何止钱学森一人？赵忠尧、罗时钧、沈善炯从美国取道日本时被关押进监狱，但依然没能阻挡住他们回到祖国怀抱的脚步。郭永怀焚烧写有多年研究成果的全部文稿，在美国FBI严密搜查下毅然回国，把毕生所学的知识和全部才华、时间直至生命都献给了"两弹一星"事业。

资料显示，新中国成立不久，从世界各地先后回国的科学家、学者、留学生共3000多人。他们放弃了高薪资和舒适的学习、工作环境，怀着一颗中国心，毅然回到祖国，她暂时贫困，但全新的一切都在明晰地昭示：共产党领导下的新中国就是振兴中华民族的希望。

这其中，被誉为"科技帅才"的朱光亚是解密最晚的，他推辞各种采访，拒绝出书立传，不愿意进入公众视野。写他的文章，送审到他那里之后基本中止，他总是说："先写别人吧，我的以后再说"，心甘情愿"做隐姓埋名人"。

1968年12月,在那次令人痛惜的坠机事故中,在生命的最后一刻,郭永怀以血肉之躯保护了对国家有重要价值的科研资料。

为什么大地春常在,英雄的生命开鲜花。

周恩来在得知郭永怀牺牲的消息后,眼眶涌泪。钱学森无限痛惜地说:"一个全世界知名的优秀力学专家离开了人世……"人民永远不会忘记英雄,新中国永远不会忘记功臣。在空气动力中心大院松林山上建有郭永怀的纪念亭,其中的"永怀亭"三字出自张爱萍将军之手。张将军长期从事国防科学技术和国防工业战线的领导工作,是我国国防科技事业的杰出领导者。

1999年9月18日,新中国成立五十周年,中共中央、国务院、中央军委在人民大会堂表彰在"两弹一星"研制中做出突出贡献的23位科学家,他们分别是于敏、王大珩、王希季、朱光亚、孙家栋、任新民、吴自良、陈芳允、陈能宽、杨嘉墀、周光召、钱学森、屠守锷、黄纬禄、程开甲、彭桓武,还有当时已经去世的王淦昌、邓稼先、赵九章、姚桐斌、钱骥、钱三强、郭永怀,他们被追授"两弹一星"奖章。其中郭永怀是唯一以烈士身份接受了这份荣誉的"两弹一星"元勋。

响彻在世界屋脊的浩歌

穿山越岭的青藏公路是谁开辟的?

格尔木这座现代城市是怎样从荒漠上建立起来的?

在慕生忠展厅里,我和村里的党员、村干部们寻觅其中的答案。

两次率军进藏经历,坚定了慕生忠要修通青藏公路的决心和意志。第一次是在1951年8月22日,时任十八军独立支队司令员范明和政委慕生忠率领骑兵独立支队1100人,从青海香日德出发入藏。

这次进藏,损失了数百匹牲畜,26名指战员长眠在了进藏的坎坷路上。1953年10月26日,慕生忠将军率领由1200多名驼工、26000多峰骆驼组成的运粮大军,第二次踏进了青藏大地。据统计,一峰骆驼运的粮食除了途中人畜消耗及自然损耗,到达目的地时只剩下了1/4。长途跋涉从青海向西藏运粮,由于高寒缺氧和路途艰险,运粮途中,骆驼死了十之八九,驼工死了三十多名。

进藏之路上巨大的生命牺牲、畜力和物资损耗震惊了慕生忠,他心痛地说:"我们这是把人和骆驼往死路上赶,这样的死亡到哪天才能结束?不行,这样死下去,中国的骆驼总有一天要死完。为什么不能用汽车运输?我要修路,修一条能走汽车的路。"

1954年1月底至1954年5月,慕生忠从青海来到北京,为了修路开始四处奔走。后来在周恩来总理和军委副主席彭德怀的大力支持下,修建青藏公路的报告获得批准。从5月11日开始,慕生忠将军率领2000多名筑路军民,仅用7个月零4天,在"人类生命禁区",用极其原始简陋的工具设备硬是凿出了被世人称为"天路"的青藏公路,创造了世界公路史上的奇迹,结束了西藏没有公路的历史。

在筑路大军驻扎过帐篷的地方,诞生了一座因这条天路而存在、兴起的城市——格尔木。

无须细述修路的艰难。在当时条件下,在世界屋脊上开辟出一条能行驶汽车的通道,需要面对和克服的困难何止万万千?但千难万险也无法动摇开路大军的意志,相反,乐观的军民一路开拓,一路留下了许多质朴感人的诗句。

第一次进藏,翻越日月山后,慕生忠将军写下了如下诗句:

日月山,日月山,回头看,有人烟;向前看,青草滩,一望无边。

文成过时寻牛郎，我军进军从此过，进入草原第一关。

1954年10月20日，修路大军打通了天堑唐古拉山口，慕生忠豪气干云，即兴赋诗：

唐古拉山风云，
汽车轮儿慢滚。
今日锹镐在手，
铲平世界屋顶。

不仅将军是诗人，战士也都是创作者。一位叫赵明安的战士这样赞美手中的简陋工具，其中还有关于人的主观能动性对于客观世界进行改造，为我所用的哲学思考：

背篓和筐筐

柳条枝，软又长，正月二月长树上，自从三月割下来，准备生产大家忙。你编背篓我编筐，长扁方圆各有样。抓紧时间带你去拾粪，又带你上山去开荒，开渠引水多打粮，挖淘金子够你忙。这次修路离不了你，背石背沙铺路上。虽然你的本领强，离了人就用不上。背篓、筐筐虽然好，未经编织是柳条。今后大家多创造，人民面前立功劳。

当然也有鼓舞士气、激发斗志的壮歌：

不畏难

人民战士不畏难，荒野露营非等闲，修路健儿精神爽，战胜困难喜开颜。战胜困难天寒地冻，人迹罕至，不达黄河沿，誓非好汉。今日战胜困难，将来幸福无边。

还有以老带新、传授技艺的歌诀：

修路经验技术

修公路，找经验，虚心学习要耐烦。标准线，拉端正，防止路心左右偏。泛浆地，变公路，首先要把水排完，挖了泛浆泥，石头深处垫，大石平稳放两边，汽车驶过不会垮。小石头，空隙填，大石挤紧相牵连，大头朝下尖朝上，越是压，路更坚。砌好后，把沙灌，砸实垫平又美观。挖水沟，上面大，地下狭窄冲不垮。修好路，细检查，要做到，路基坚实路面平。

战士们是不是很顽强、很乐观、很可爱？

这样的战士，没有什么困难是克服不了的。这种精神传承至今，升华为"两路"精神：一不怕苦、二不怕死、顽强拼搏、甘当路石、军民一家、民族团结。

本色与绿色

我问村党支部书记仓尕旦："知道尕布龙吗？"

"知道，就是牧民省长啊，出身和我们一样，都是牧民。"仓尕旦脱口而出，显然对尕布龙的故事了解很多。

展厅里，讲解员正在介绍尕布龙的生平事迹，我的目光停留在"牧民之家"。

1979年，成为省委常委、副省长的尕布龙迟迟没有住进省长楼，仍然住在省畜牧厅家属院，那是一套平房，没有自来水、卫生间，冬天要生火炉取暖。而这间平房里面却别有洞天，他用土坯隔成了五间半，半间当自己的卧室，里面只有一张床、一张书桌，其余5间搭了11张床。

这就是著名的"牧民之家"。从牧区来西宁看病、办事的农牧民在此吃住，年复一年。管吃管住之外，尕布龙为他们联系医院，解决生活上的困难。"牧民之家"在他后来住进高楼后也同步迁移到楼房，成为牧区群众来城市最安心的家。31年来，尕布龙共在自己家，免费接待来自基层看病、办事的农牧民群众至少达到25000多人次。

始终把群众放在心头，这就是一个共产党员、党的高级领导干部的本色。

尕布龙的故事中，当然不能少了升华他生命价值的绿色故事。

一袭蓝布大褂，头上戴着白布缝制的帽子或一顶草帽，这是尕布龙留在影像中的形象。不高大，完全是一个老农民，可这不正是他不忘本色的体现吗？1993年，67岁的尕布龙从省人大常委会副主任的位置上退了下来。他毛遂自荐，主动挑起了南北山绿化指挥部专职常务副总指挥的重任。

在南北山绿化的艰难日子里，他每天早上7点上山，等民工们到齐时，他已经抡着铁锹干了快两个小时。北山上的土硬得像铁，铁锹不管事，挖坑要用钢钎打。一上午下来，他已累得疲惫不堪。中午和二十几个民工一起吃几口自带的干粮，接着再干。

2001年，尕布龙荣获首届"母亲河奖"，他将两万元奖金全部奖励给了整地先进单位，购买了苗木，自己仅仅留了100元，当作纪念。2002年，他从专职副总指挥的职务上退下来后，依然坚持义务上北山植树长达十年。十年间，没有拿过一分报酬；十年间，工作日达到3520天。即使不再担任副总指挥的职务，他也是自己带着干粮上山和民工们奔波在一道道山坡上，天旱了察看浇水的情况，下雨了察看防洪的措施。2008年3月，青海省政府授予尕布龙"西宁南北山绿化工程突出贡献奖"。

我曾参观过位于北山的指挥部办公室，站在山顶放眼望去，眼前一片苍翠在风中涌动。南北两山树木有知，会记住一个要为后代留下一片青山而奋斗到底的老共产党员的风骨和汗水。

关怀、爱、感恩与玉树的重生

随着人流，我们走进第四展厅。我们每个人都记得2010年4月14日早晨那个令人心碎的瞬间。

玉树7.1级强烈地震，3000人遇难，12000多人受伤。

灾难无情人有情。地震发生后，党中央国务院迅速做出决策部署，应急响应全面启动。第一时间，中国民航局、交通运输部、卫生部、武警部队前来支援，全国各地的救灾物资都运往玉树。当晚，省委抗震救灾工作组到达结古镇。强大的救援力量在玉树汇合，从废墟中拯救生命，在瓦砾中搭建帐篷部署救援工作，奇迹在海拔4000米的高原上不断诞生。

关怀与爱的力量医治了痛苦，抚平了创伤，也建立起了一座美丽、现代的新家园。

2010年7月10日，玉树灾后恢复重建万人誓师大会在结古镇隆重举行，重建工作全面启动。北京、辽宁、中国建筑、中国中铁、中国电建、中国铁建及青海省的西宁、海西、海东、海南近10万援建大军分赴灾区启动了1248个项目、292个建设工地。

2013年11月,玉树州各界在新成立的玉树市举行了规模盛大的灾后重建竣工典礼。心怀感恩的玉树人民手捧洁白哈达献给援建者,请他们骑上骏马,以这种最具民族传统礼仪的方式走进庄严的会场,接受群众的欢呼和祝福。

我因工作关系,从2012年起,连续多年去玉树采访,其间了解到了许多感人故事。我采访过第一时间从废墟里救出藏族女孩卓玛的时任西宁消防支队战士的杜仕海,玉树消防支队副支队长是他现在的职务,他与玉树的故事从2010年4月14日那天早上开始起笔书写至今。当然,我也了解玉树文艺界昂嘎的故事。2012末至2013年初,退居二线、在家治病的昂嘎主动请缨担任歌舞剧《玉树不会忘记》的主创、策划及总导演。此时,他已是肝癌晚期。《玉树不会忘记》在全国巡演后,广受好评。之后,昂嘎继续为筹备玉树各族群众庆祝大会辛勤工作。他不顾病痛折磨,担任了玉树灾后重建竣工庆典文艺演出总指挥。因为连续不断的辛苦劳累,最终病重不治去世。

他去世后,省作协主席梅卓带我去他家慰问家属。望着这位藏族诗人的遗照,我真切地觉得玉树抗震救灾精神是那么具体、可触可感。

"大爱同心,坚韧不拔,挑战极限,感恩奋进",这就是玉树精神。

可可西里,无人区的有情故事

可可西里坚守精神展厅中,一辆半截陷入泥滩中的巡护车,吸引了大家的目光。这逼真的雕塑作品,生动地复原了巡山队员的工作日常。

可可西里,蒙语意思是"美丽的少女",藏语含义为"青色的山梁",

这一方地域广阔的雪域净土，被誉为"野生动植物的天堂"。这也是地球上南北极外最大的一片无人区，面积4.5万平方公里，平均海拔4600米以上。可可西里巡山队——这支常年值守在特殊地域践行特殊使命的生态保护队伍，用忠诚的誓言、青春的身姿、果决的行动和无言的牺牲与奉献，换得这里的万类自由和谐共生。

这支英雄团队诞生于青藏高原的母体，在风雨的砥砺下，成为守护高原母亲最坚定的忠诚赤子。它的履历上铭刻着两代勇敢者的姓名。从"改革先锋""环保卫士"杰桑·索南达杰，"青藏高原野生动物保护神"奇卡·扎巴多杰，到"全国先进工作者""最美职工""全国林业系统先进工作者"赵新录和他淳朴无邪、坚强无畏的战友们，血脉得以赓续，职责得到接班，精神获得传承。他们用流血牺牲、无私奉献诠释生命意义和职责内涵，让"美丽的少女"变得更加静谧、和谐、美丽，"青色的山梁"因为生命的充盈而更加雄伟和广博，可可西里自此吸引了更多关注的目光，获得了更强大的保护力量。1995年青海省人民政府批准建立可可西里自然保护区，1997年升格为国家级自然保护区，2008年高原精灵藏羚羊"申奥"成功。在无人区并肩列阵的不冻泉保护站、索南达杰保护站、五道梁保护站、沱沱河保护站，恰似保护生命、守护绿色的坚固城堡，屹立在高原的风霜雪雨中。

进入新时代的可可西里，在习近平生态文明思想的光照下，保护机制不断完善，保护层次渐次跃升，开启了生态保护的崭新历史时期。2016年三江源国家公园试点，2017年"青海可可西里"成为世界自然遗产，2020年正式设立三江源国家公园。2021年8月国家林草局发布数据，藏羚羊种群数量从20世纪八九十年代的不足7万只，增加至目前约30万只，保护级别从濒危物种降级为近危物种。这是属于可可西里的荣耀时刻，当然也属于巡山队。这一个个具有里程碑意义的重大事件背后，是巡山队员面对盗猎分子上膛的枪口不怕牺牲的大无畏气概和正义呐喊，是巡山艰难路途上顶风冒雪拖出深陷于沼泽的越野汽车的强大力量；是缺氧不缺精神，历经九死一生仍毫不退缩的坚定信念；是宁可把自己最后的口粮喂给藏羚羊幼仔而将自己置于险境的铁汉柔情；是甘愿牺牲自己把生的希望带给队友的战友情深。

他们忘不了，为了赢得这个时刻，他们英勇乃至悲壮地战斗了30年；他们也明白，没有任何理由可以停下巡山的脚步。

在可可西里，生态保护永远在路上。

于是，在泥泞的路途上，在风雪的世界里，可可西里巡山队开始了新的集结和出发……

尾声

走出展厅，我们来到游人聚集的新宁广场合影。看得出，我们这个团队中好些人还没有从接受教育的气氛中走出来。我趁热打铁，向他们介绍了展厅里的一些艺术作品。比如由二十多名绣娘耗时六个月，一针一线精心创作完成的刺绣作品，再现了三江源地区"一江清水向东流"的良好生态环境；用上百种矿物颜料，采用传统工艺尝试创作的现实题材唐卡作品，生动体现了"两弹一星"奉献精神、慕生忠开路精神、尕布龙赤子精神、玉树抗震救灾精神和可可西里坚守精神，彰显了非物质文化遗产唐卡的艺术魅力。还有许多艺术家精心创作的书法美术作品，以精美的形式呈现了厚重的内容。

最后，我们在文联办公室副主任薛文华的引导下，站成一排，以最饱满的精神形象在文化荟萃之地的新宁广场拍照留念。

红色的足迹
——寇从善同志纪念碑和故居

文／李皓

李皓

青海省作家协会会员、副秘书长,《西海都市报》专刊部主任。作品散见于省内外各大报刊。出版文集《贵德的历史》《新闻中的海西》。先后有《青海望长城》《中华水塔》《城市脉动》《昆仑圣殿》等纪录片问世。获得国家级、青海省新闻奖项十余次。2017年,纪录片《中华水塔》获得第23届中国纪录片短片十佳作品。

一个人的理想有多高远，脚下的步履便有多坚定；一个人的心怀有多宽广，眼中的风景就有多壮观。

西宁市湟中区上新庄镇窑滩村，是河湟谷地一座普通的村落，1915年，在这个村落一幢朴素的院落中，寇从善开始了生命的跋涉。没有人知道这个稚嫩的生命，在他61年的生命历程中，将会经历怎样的风雨，也没有人知道，在他61年的生命跋涉中，会以怎样坚定的意志，诠释对理想和信念的忠贞。

如今，时光之手早已改变了这座村庄当初的模样，可是寇从善诞生的那栋小楼，却奇迹般地保留了下来。这栋土木结构的小楼，验证了时光的流逝，也见证了岁月的沧桑。

这算得上是一个富裕的家庭，父辈的勤勉，让寇从善在河湟子弟教育程度极低的20世纪初，幸运地获得了教育的机会。

1921年至1932年，寇从善先后在西宁师范附小和青海省师范学校求学，此刻的他并没有意识到，他羸弱而单薄的身躯，正在为不久的将来担负起一个神圣的使命而积蓄着能量。

1933年，在完成青海的教育后，寇从善幸运地进入南京蒙藏学校高牧科读书，次年夏天，又由九世班禅大师保送转入北平蒙藏学校边政科求学。

蒙藏高等学校,是国民党政府在南京和北平设立的一座以西北学子为招生对象的学校。毕业后,大部分的学子都会回到西北,为国民党当局服务。

不难想象,如果寇从善顺从命运的安排,从这所学校毕业后,等待他的将是怎样的命运,他有可能会因为成绩优异,进入更高等级的学府深造,也有可能回到青海,成为青海国民政府的公职人员,最不济,也会成为被河湟乡民尊称为"先生"的教师,可是,历史却给了寇从善另一种选择。

寇从善进入北平蒙藏高等学校时,"九·一八"事变已经爆发了三年,东北大地在日本军国主义的铁蹄之下苦苦挣扎,面对日本人觊觎华北的意图,平津爱国青年发起了著名的"一二·九"运动,满怀爱国热情的寇从善积极投身到这次爱国救亡运动中,他以自己的绵薄之力,为民族复兴的大业奔走呼号。

1936年,针对蒋介石"攘外必先安内"的反动主张,寇从善又义无反顾地参加了共产党领导的"平津学生南下请愿宣传团",竭力宣传中国共产党提出的联合抗日的主张。

回到北平后,寇从善又参加了"中华民族解放先锋队",全身心地投身到了抗日斗争之中。

救亡的形势如火如荼,求存的渴望星火燎原。

可令人意想不到的是,进步学生的抗日主张迎来的却是蒋介石反动集团的疯狂镇压。

1934年,中央红军开始长征,祖国西北,在离寇从善的故乡相去不远的兰州,中国共产党组建的中共甘宁青特区委员会仅仅工作了八个月就惨遭破坏,而寇从善的故乡青海,则在马步芳家族的统治下暗无天日。

1937年,"七七"事变爆发后,作为进步学生的代表,寇从善化名赵君侠,在地下党组织的安排下,与700名进步青年一起来到了延安,并进入陕北公学学习。在这里,寇从善系统地接受了马克思主义的教育,他愈发坚信,只有在中国共产党的领导下,中国人民才能取得抗日战争的最终胜利;只有在中国共产党的领导下,中国人民才能打败侵略者,获得新生。也就是在这一时期,寇从善萌生了加入中国共产党的想法。

为开辟青海地区党的工作,1937年,中共中央派遣寇从善赴青海筹办八路军驻青海办事处。可寇从善刚到兰州,就遭到马步芳反动军阀和国民党军统敌特人员的追捕,中共中央驻兰州八路军办事处主任谢觉哉觉察到寇从善处境的危险,便命令寇从善火速返回延安。

虽然寇从善并没有完成回青海建立八路军办事处的目的,可他在兰州的出色表现,依旧引起了党组织的关注。回到延安后,经林伯渠、成仿吾介绍,寇从善来到中央马列学院学习,他对共产主义的信仰愈发坚定了。

1938年3月,经同班同学李先念、张明远的介绍,寇从善光荣地加入了中国共产党。

虽然在青海开展工作困难重重,可是党中央始终试图利用各种关系在青海建立党组织。

1939年元月,寇从善从中央马列学院毕业,即将踏上新的工作岗位。一天晚上,时任中共中央书记处书记的张闻天和秘书王首道突然代表毛泽东同志找寇从善谈话,张闻天告诉他:"毛泽东同志听说你是青海人,决定派你回青海开展工作。"

原来,毛泽东主席在看中央马列学院的毕业名册时,被寇从善简历上"祖籍青海"几个字所吸引,他立刻意识到,这有可能是在青海发展党组织的最佳人员,由此便产生了让寇从善回青海开展工作的想法。

此时,寇从善在延安求学的事情,在亲友中早已不是什么秘密,而他此前试图在青海成立八路军办事处的经历,更是让他成为马步芳反动军阀警惕的危险人物。寇从善深知,此去青海危险极大,但他依然服从了组织安排,第二天,寇从善即转道西安奔赴兰州,并试图通过兰州返回青海。

在兰州,寇从善见到了联络人王教五。王教五告诉他,如回青海必被马步芳所加害,劝他断不可贸然行进。

可是在青海建立党组织意义重大,寇从善就此事请示了谢觉哉和八路军兰州办事处处长伍修权。寇从善得到的答复是,目前青海还没有建立党组织,一定要想方设法去青海开展地下工作,播撒革命火种。

肩负着革命的使命,寇从善决定无论如何也要想方设法回青海开展工作。

可是,那时马步芳在青海的统治十分严密,不要说共产党员,就连国民党的军统、中统,也无法进入青海。针对这一情况,寇从善决定先在其他地方潜伏一段时间,待时机成熟后再潜回青海工作。

在征得西北工委原则同意后,寇从善通过国民党驻扎在甘肃酒泉的二九八旅马步康部任副官的四叔寇干城介绍,于1939年2月开始,先后在酒泉师范学校和玉门炼油厂工作。

在酒泉师范学校工作的两年时间里,寇从善经常给进步学生讲理想、灌输进步思想。在他的熏陶和引导下,许多青年学生走上了革命道路,有的后来还成长为革命的骨干力量。在此期间,他还和当地地下党员刁德顺、孙世芳、陈国英等同志取得联系，以教师身份为掩护，秘密开展军事侦察和情报收集活动，积累了丰富的地下斗争经验，为回到青海开展工作做好了准备。此刻的寇从善早已从一名学子成长为一名意志坚定的革命者。

1941年12月底，寇从善觉得返回青海的时机已经成熟，便从酒泉回到兰州，他一边向党组织汇报了在酒泉工作的情况，一边谋划潜回青海。

这年年底，经过多方努力，寇从善终于如愿以偿地回到了阔别已久的青海。

可是，青海的革命形势比想象得还要严峻，寇从善在青海立足未稳，马步芳就派寇从善的同学赵国俊到他家里打探虚实。

在闲谈中，赵国俊有意问寇从善是不是参加了共产党，寇从善对此坚决否认，并以自己这几年只是在酒泉教书为由搪塞过去。

次年2月，寇从善经同学王永乾介绍，到民和县三川地区的一所学校任教师，在教书之余，他就马步芳反动军阀对人民进行政治压迫和经济剥削的情况展开了调查。

这一年适逢天旱，三川地区粮食歉收严重，可是马步芳反动政府的各种苛捐杂税却没有减免。三川地区民愤极大，寇从善趁此机会联络几名教员，发动群众开展抗交苛捐杂税运动，要求当局减免赋税。

马步芳安插在三川的爪牙很快就调查出抗粮抗税运动的主谋是寇从善后，便强令解散学校，并试图逮捕寇从善。好在有当地群众掩护，寇从善连夜从甘肃永靖渡过黄河转移到了兰州。到达兰州后，寇从善第一时间向八路军办事处王教五同志汇报了三川的情况。

寇从善在青海的工作，已经取得了成效。为了巩固来之不易的革命成果，1943年2月，寇从善再度潜回青海，可他刚到湟中上新庄老家没几天，他初中时的藏文老师，时任国民青海省政府秘书长陈显荣（陈显荣也是寇从善妻子孟兰的亲戚）就登门拜访了。

一阵寒暄过后，陈显荣问寇从善："人人都说你是共产党员，你到底是不是？如果是，及早脱离，写个脱离声明登报就行，我保你无事。以后跟着马(步芳)主席干，还有大好前程！"寇从善坚决否认，并搪塞了过去。

陈显荣的到来，让寇从善意识到马步芳反动当局已经对自己的革命行动有了察觉，他预感到陈显荣还会来，便火速到地理位置相对偏远的过马营暂避风头。

位于今天海南藏族自治州贵南县境内的过马营是一个藏族同胞为主要居民的高原牧场。在过马营，寇从善意外遇到在北京求学时的同学张生珠，经他介绍，寇从善当了牧场干事。

在过马营期间，寇从善对马步芳家族的血腥统治和疯狂掠夺情况进行系统性调查，同时，还搜集了不少马家军的军事情报。

1944年12月，寇从善带着这些情报从过马营返回家中，一边继续在群众中传播革命理念，一边寻找机会将这些情报汇报给党组织。

寇从善的革命活动，引起了马步芳反动当局的高度警觉。1945年5月16日下午，寇从善家中突然闯进了4个荷枪实弹的士兵，进到院子后，他们首先从里面锁紧大门把寇从善家的女眷赶到一个院子锁起来，随后又将寇从善和他的父亲绑在柱子上，要他们交代参加共产党的情况和寇从善从事地下工作的经过。

面对穷凶极恶的敌人，寇从善咬紧牙关，矢口否认自己是共产党员，几个士兵见状不禁恼羞成怒，他们把铁锹、马刀烤红后狠狠地烫在寇从善的脊背上。

在长达4个多小时的严刑拷打中，寇从善几度昏迷，可他却始终严守党的秘密一言不发。看着被折磨得奄奄一息的寇从善，士兵们认为"这个留分头的尕娃"必死无疑，就回去复命了。

寇从善顽强地从死亡边缘挣扎着挺了过来，在家人的秘密看护下，两个月后，寇从善从鬼门关捡回了一条命，可他却因为马步芳军阀的严酷拷打，留下了终身的残疾。

待伤势稍有好转，寇从善就寻机逃出马步芳的魔掌。1947年7月，他终于在平戎驿(今平安镇)乘汽车转赴兰州，找到了王教五。

得知寇从善不屈不挠与马步芳反动军阀展开殊死斗争的事迹后，王教五大为感动。寇从善还向王教五汇报几年来自己在青海调查的情报，并请求到解放区，投身解放战争。但组织上考虑到他身体状况已经很差，难以通过重重封锁线，便安排他到河西走廊的高台县养伤，等痊愈后再另行安排工作。

高台位于河西走廊中部，1937年，中国工农红军西路军浴血高台，留下了红军长征史上最悲壮的一页，也恰恰因为这样，高台县的群众基础相对较好，寇从善留在高台养伤，相对比较安全。

1948年1月，王教五以组织名义给寇从善提供了伪法币10万元作为路费，安排寇从善赶赴高台。

寇从善来到高台县后，经同乡张鸿夫、房学儒的介绍，到高台县任田赋粮食管理处第一科科长。就这样，寇从善在高台隐蔽下来，一边养伤，一边工作。

遗憾的是，就在寇从善离开兰州时，匆忙中将党组织关系留在了上线联络人王教五处。也在这一年，王教五同志前往延安途中被敌人杀害，寇从善失去了与党组织的联系。

1949年9月高台解放时，身体尚未康复的寇从善怀着激动的心情，带领群众，组织当地乡绅，成立高台临时维持会，为支援解放大军西进做出了巨大贡献。

高台县人民政府成立后,寇从善任县政府政务秘书;1950年2月,高台县人民法院成立后,寇从善又出任法院副院长;1953年10月,寇从善调入甘肃省高级人民法院酒泉分院工作,1954年9月至1955年10月,寇从善又被组织分配到酒泉专署劳动科工作。

新中国成立后,寇从善多次向党组织申请恢复、落实自己党员身份,但由于1948年,寇从善的直接联系人王教五不幸遇害,他的党籍问题也就成了"一桩悬案"。

虽然寇从善的党籍问题还有待调查,可他对党却始终保持着绝对的忠贞,原高台县委组织部副部长,后任高台县委党校校长的耄耋老人师笃文,对新中国成立之初寇从善两次交党费的事情记忆犹新。

他说,1949年10月的一天,寇从善拿着一些银圆到组织部来交党费,组织部工作人员师笃文等人认为寇从善拿不出应有的党组织关系,组织部有原则,没有收他的党费。又过了一个月,寇从善又拿着一些银圆来交党费,并告诉组织部工作人员,虽然王教五同志的牺牲,使得他的党员身份暂时拿不出证据,但他一直拿党员的规范要求自己。后来在师笃文的提议下,组织部开了一个小会,先收下寇从善的党费,有关他的党籍问题以后慢慢调查,加以解决。

随后,寇从善又多次去函向李先念、洛甫(张闻天)、谢觉哉等同志寻找证明,可是一直没有得到回复。鉴于此,酒泉地委组织部通知高台县委遂于1951年9月停止了寇从善的党龄,寇从善的党籍以"证明不足"被停止。

可是寇从善却始终没有放弃过对共产主义的信仰,他一直在努力寻找证据,力图恢复自己共产党员的身份,直到辞世也没放弃。

1986年8月1日,甘肃省委党史办在中央档案馆保存的1940年《抗战中甘宁青党的工作》中，找到了这样一条记录："抗战中党在青海的活动。青海只有两个共产党员在活动，而且都还是1939年2月间派去的，一个是马列学院毕业的赵某（赵君侠）。"由此认定，寇从善同志是西北地区早期的共产党员。1986年10月6日，经过多方求证，中共张掖地委终于恢复了寇从善同志的党籍。

1987年9月29日，寇从善家乡的人民在湟中区鲁沙尔镇东山公园山顶映光亭左侧，为寇从善树立了纪念碑。纪念碑碑高3.3米，碑身正面镌刻着时任中共湟中县委书记霍灿同志题写的"寇从善同志纪念碑"八个金色楷书大字，背面是寇从善同志生平事略，这座纪念碑，记录了寇从善坚实而光荣的红色足迹。

慕容古寨：金仓岭上的红色传奇

文／王海燕

王海燕

青海海东人,现居西宁。系青海省作家协会会员、海东市作协副主席。作品散见于《人民日报》《光明日报》《青海日报》《散文选刊》《黄河》《青海湖》等报刊。著有词集《湟柳集》、散文集《碎陶集》。

闻名遐迩的慕容古寨，地处古丝路南线、距西宁市40公里的湟中区拦隆口镇拦一村金仓岭上，北屏金娥山，南襟湟水河。

据历史记载，这里是历史悠久的军屯要地。南北朝时，鲜卑慕容部曾在青海方圆千里的地方建立吐谷浑王国，称雄北方300多年，留下了巨大的历史回响。据祖辈口口相传，金仓岭慕家就是从辽东西迁而来的吐谷浑后裔。

中华人民共和国成立后70多年的奋进历程中，这一方土地秉承红色基因，打造红色文化，在缅怀中传承，在开拓中弘扬，继往开来，发愤图强，建设富裕和谐美丽新家园，让革命先辈用鲜血染红的精神旗帜，永远在金仓岭上高高飘扬。

一位西路军战士与金仓岭的故事

在青海省西宁市湟中区拦隆口镇金仓岭上，有一座红色文化纪念馆。它是由慕世基老人开设的以红色文化为主题的博物馆，至今已开馆10年，是青海省文化旅游景点之一，也是西宁市爱国主义教育和中小学生德育教育基地。纪念馆以传承红色文化为主题，收集、珍藏珍贵的红色文物,吸引省内外不少机关企事业单位、学校、部队、农村党组织来这里举行学习教育、缅怀纪念、宣誓入党等各种活动,口碑越来越好。红色文化的传承传播,让慕容古寨的历史底蕴更加厚实,文化讲述更加立体,感动着越来越多前来参观的人们。馆内,慕氏家族祖辈收集珍藏的红色文物中,一把祭血杀敌的战刀、一件褪色的军衣和一面硝烟熏染的战旗格外引人瞩目。它们将人们的记忆拉回到80多年前那烽火连天的岁月,一支浴血奋战、出生入死、筚路蓝缕的队伍从河西走廊走进人们的视野……

他们就是中国工农红军西路军,用滚烫的鲜血和坚贞的信仰,在中国西部抒写了一曲震撼昆仑的英雄壮歌。

慕氏家族的红色记忆,最早可追溯到20世纪30年代,那时正值革命斗争如火如荼的年代。

1936年10月,中国工农红军四方面军总部及所属的第三十军、九军、五军等两万多名忠勇将士,奉中共中央和中央军委命令,在甘肃靖远地区西渡黄河,先是去执行旨在打通国际路线解决战略依托的宁夏战役计划。嗣后,随战局变化,奉命于11月改称西路军,奔赴河西,建立革命根据地。1936年冬天至1937年春天,短短5个月之内,西路军经历了进攻、防御、东返西征、反复突围,与马步芳部进行了最残酷、最悲壮的血战。

1937年1月,马步芳集中六七万之众,向只剩下一万余人的西路军发起猛烈进攻。西路军将士以寡敌众,顽强据守,血战持续一个多星期,付出了沉重代价,基本上弹尽粮绝。

3月,西路军将士冒着严寒,凭着顽强的毅力,用两条腿和敌人的骑兵争时间,抢占梨园口,控制进入祁连山的要隘。担任西路军后卫的九军将士拼命与敌争夺梨园口两侧的山头,不到半日,九军仅剩的半个团约 1000 余人仅有少数人突围。

梨园口战役后，西路军剩下的千余将士开始转战祁连山。三四月间，祁连山地仍然十分寒冷。高耸入云的山峰，披冰戴雪，寒风夹着雪瀑从山头扑向峡谷，像渗骨的利刃刺割着战士们的肌肤。

此时，一名西路军首长奉命带领一支三四十人的小分队，正冒着风雪严寒转战于祁连山石窝地区。他就是时任安全保卫执行局局长的慕容楚强。谁也想不到，后来的日子里，他的命运竟奇迹般地与相距遥远的金仓岭发生了深厚的交集。

慕容楚强率领的小分队克服难以想象的艰难困苦，与敌人周旋，坚持作战十多天，已弹尽粮绝。

一天黄昏时分，风雪肆虐，他们在一片云杉林中摸索前行，突然惊起几只野雉，扑棱棱飞向空中。这引起了不远处巡山的敌方骑兵的警觉。马蹄声隐约传来。不一会儿，就见约有五六个骑兵朝他们隐蔽的地点小心翼翼地包抄过来。几声枪响，子弹从他们头顶簌簌掠过。狭路相逢，队伍有点骚动。有战士攥紧战刀，咬着牙低声说："老子和他们拼了！"慕容楚强传令大家隐蔽好自己，等敌人接近了再出击，决一死战。

已经能听到马的鼻息了。敌人头领一手举着盒子枪，一手挥舞着马刀说："快乖乖出来投降吧。顽抗只有死路一条！"这时，慕容楚强一声令下，"弟兄们，拼了！"战士们一跃而起冲向敌人。有的举着大刀，有的抱着石块。枪声大作。不少战士相继中弹，倒了下去，鲜血染红了雪地……一名战士被敌人砍中脖颈，鲜血喷溅，但他仍将一块石头拼命砸向敌人头部，敌人中石落马，他才摇摇晃晃倒在血泊中。

这次战斗中，共击毙敌人两名，其余在战士们的追杀中仓皇逃窜。

小分队死伤也十分惨重，坚持下去的希望越来越渺茫。不少战士已到了精疲力竭的地步。尤其是伤员，更挣扎在生命的极限，死亡随时在发生。

饥饿严重威胁着幸存的战士，一些战士一躺倒就再也无力起来。"要尽快想法寻找口粮，不然，没战死，可就要饿死了！"原五军一位团长说。慕容楚强劝阻说，"敌人监视严密，宜暂时隐蔽，不可妄动。"团长不听劝阻，带着几名战士去牧羊人那里寻找粮食，不幸被敌人发觉，向小分队再次发起了围攻。许多战士牺牲了，幸存者被打散失踪。慕容楚强也多处受伤，倒在了荆棘丛中。然而他幸运地逃过了一劫。第二天早晨，太阳照红了山野。他苏醒过来后，一边在山中寻找吃的，一边寻找失散的战友。

吃几把雪团，嚼几把草根。慕容楚强坚持了一天，在荆棘丛中，他找到几位牺牲的战士，已是伏尸盈雪，失散的战士一个都未找见。他咬牙翻越一座山岭，走过一个隘口，远远望见山脚下一个村落里飘起的炊烟。由于负伤再加饥饿和寒冷，他终于倒在了一条山路旁的草丛里……

山路上驶来了一辆装载着青稞的马车。驾车的人正是金仓岭尕空村的慕增光，随车还跟着一个年轻的帮手。多年来，他赶着马车就在祁连山周边一些地方行商，卖掉自家酿制的酩馏酒，再换回一车酿酒的青稞原料。这次，他换了一车青稞正往回赶。突然，帮手低声惊叫一声，"啊呀！掌柜子，你看！"慕增光顺帮手手指的方向望去，见一个人躺在路边草丛中，浑身血迹，便立即吆停马车，和帮手向前俯身查看。

慕容楚强神志尚处于清醒状态，见到来人就挣扎着坐了起来问道："两位是什么人？"

慕增光一听这人操的是外地口音，心中有些蹊跷，就回答道："我们是过路的。你是干啥的，满身是伤？"

"我是西路军，流落到这里的。"

关于西路军，慕增光早先就有耳闻，知道西路军是为贫苦百姓打仗的。他和帮手商量了一下，四顾无人，倒掉了一口袋青稞，将慕容楚强装进口袋，辗转拉回金仓岭。

在慕增光家住了一段时间，伤势日渐好转。很多个夜晚，慕容楚强时而坐在慕增光的土炕上，时而到村里的石磨坊，伴着豆油灯，喝着老茯茶，向慕增光和乡亲们宣传革命道理，使乡亲们知道有个抛头颅，洒热血，解救劳苦大众于水火的共产党和毛主席。慕增光清楚地记得慕容楚强给他说过的一句话："只要矢志跟着共产党走，坚持革命斗争，旧社会一定会被灭亡，一个人民当家做主的新社会一定会到来。"

慕容楚强身体恢复后，就急着要出去寻找部队。慕增光说："时下外面局势紧张，马步芳匪兵正在四处搜捕西路军战士。再等等。"而慕容楚强执意要走，慕增光怎么说也挽留不住。慕容楚强打扮成当地农民的样子便启程了。临别前，慕容楚强从背包里拿出两样东西交给慕增光妥善保存，一份盖着"中华苏维埃中央政府"印章的入党誓词手写稿和一个写有"二连"字样的水壶，并嘱托说，"这是我全部的家当，如果我不幸牺牲了，请你将这两样东西设法转交给我老家的人。"说完，喝了一碗慕增光敬的酩馏酒，带了一些干粮，告别了金仓岭。

离开金仓岭不久，慕容楚强不幸被马步芳的搜山部队逮捕，押往西宁"红军收容队"，随后被押送到兰州国民党集中营，后又押送到陕西西安集中营。

在西安集中营，慕容楚强时刻面临着被敌人杀害的危险。但他仍然与同志们一起宣传革命道理，积极寻求与党组织的联系。

西安事变后，慕容楚强和同志们看到了革命胜利的一线曙光，党的抗日民族统一战线形成了。慕容楚强给难友们说："党不会忘记我们，一定会设法营救我们。我们一定会回到延安党的怀抱。"他利用一切机会，向看押官反复宣传团结抗日救国的道理，终于得到一些人的理解和同情。其中有个叫石铁诚的连长表示愿意为慕容楚强通风报信。通过石铁诚，终于与西安八路军办事处主任黄克诚取得了联系。

在这关键时刻，周恩来也得知了他们在西安集中营的消息，便协调各种关系，千方百计将慕容楚强等一批将士营救到了延安。后经毛泽东主席批示，安排他回湖南治病养伤。

回湘后，慕容楚强一直坚持革命斗争。1938年6月，奉命恢复中共浏阳地下党县委。从此转入地下党革命。

1939年，平江惨案后，他奉命携带全家，改名余化民，转移至湘县城关镇潜伏，以手工织布为掩护，带领两个儿子坚持地下斗争10年之久，直至1949年全国解放。

时隔20年后，慕增光又一次与这位英雄相会在金仓岭上。

1958年夏季的一天，金仓岭上杨柳依依，稞麦拔节，一位60多岁的老者来到慕家，他一见慕增光就紧紧相拥而泣。来人正是慕容楚强。20余年过去了，他没有忘记救命恩人慕增光，慕增光也一直牵挂着这位西路军英雄。这回，他千里迢迢、风尘仆仆来到金仓岭，就是为了了却一桩夙愿。他带着三件具有特殊意义的纪念礼品，就是前面提到过的：一面军旗，一件军衣和一把战刀。

慕容楚强走了，但这些非凡的纪念物给慕家留下了永久的不可磨灭的红色记忆。

在后来的岁月里，慕家一直牵念着这位传奇英雄，打听他工作和生活的消息，想尽一切办法收集有关他的红色档案。一张张图片，一封封书信，有关历史文件、新闻报道和烈士证书等，不断拼接、完善、续接他整个革命生涯的轮廓和情景。特别珍贵的是胡耀邦、黄克诚、宋任穷等党和国家领导人致慕容楚强的亲笔书信和纪念文章，洋溢着老一辈无产阶级革命家对这位老红军深深的关爱之情。

慕容楚强逝世几年后，于1987年3月9日，时任中央顾问委员会委员、常委、副主任的宋任穷将军在《湖南日报》撰文纪念，题为《纪念革命老人慕容楚强》。文章最后写道："楚强同志是一位对党坚定忠诚、品德高尚、作风正派的优秀共产党员，保持革命晚节到生命的最后一息。他是一位令人尊敬的革命老人，是我的良师益友。楚强同志值得我们永远纪念和学习。"

慕容楚强去世后，他的儿子慕容博爱在一次电视采访中，老泪纵横，无限深情地说：

我清楚地记得，父亲临走的时候，有一件事他总是难以释怀。他断断续续地叮嘱我，你们以后一定要想办法去青海，在一个叫金仓岭的地方，寻找一个叫慕增光的人或他的后人，替我感谢他当年在祁连山的救命之恩。要记住这段缘分，这也是一份革命的遗产，让子子孙孙接续下去。父亲说完后，就咽气了。我当时就暗暗发誓，一定要兑现父亲的遗愿！时隔多年之后，得知红色金仓岭纪念馆特别收集展出父亲的革命历史遗迹，我感激不尽。父亲的遗愿终于实现了。这是对父亲在天之灵最好的告慰，也是对红色基因最好的传承。青海与湖南相隔千山万水，但今天我们的心却靠得如此亲近。红色情深，血浓于水。真诚感谢金仓岭，感谢你们！

慕容楚强，1894年10月27日生于湖南省浏阳市淳口镇高天村慕家冲一个革命家庭。1925年8月加入中国共产党。1927年秋，加入浏阳工农义勇团队，参加秋收起义；1928年8月，参加中国工农红军，先后参加湘鄂赣革命根据地和中央革命根据地反"围剿"斗争以及中央红军长征；1936年3月，任国家安全保卫局执行部长、秘书长，赴河西走廊及青海作战。新中国成立后，因伤病缠身，一直离职休养，享受副省级待遇。曾先后当选为湖南省政协第二、第三届委员，第四届常委。1986年12月20日在长沙逝世，享年93岁。

往者已矣，来者可追。金仓岭将永远珍藏着这段红色记忆。

金仓岭剿匪记

"一唱雄鸡天下白，万方乐奏有于阗。"新中国成立，青海解放。慕容家族和世居在这里的人们敲起锣鼓，舞起狮子，以传统的方式庆祝革命胜利，倾吐无尽感激之情。

然而，从山后涌出的乌云让人们突然感到了某种不祥和不安。一些流寇散匪不甘心失败和灭亡的命运，负隅顽抗，伺机反扑。他们勾结一些民族分裂分子，利用当地残余土匪势力散布谣言，挑拨民族关系，抢劫群众牲畜和财物，组织武装暴乱，严重危害社会秩序和人民群众的生命财产安全。剿灭土匪、稳定社会秩序和巩固新生的人民政权，就成为新中国成立初期中共中央西北局、西北军政委员会和西北军区的首要工作。

当时，西北地区有较大的股匪470多个，达13万人，裹胁群众约9万人。青海的匪徒主要分布在大通、门源、贵德及青甘交界地区。盘踞一隅，与人民为敌。

根据中共中央的有关指示，西北军政委员会具体拟定了剿匪的政策和策略，主动争取和团结一切可能同我们合作的人，包括地主、阿訇、喇嘛、王公、千百户等，迅速稳定了形势。到1951年底，只有少数漏网匪首和惯匪还在甘青新、甘青川和甘青交界的山区活动。这些土匪的匪首多是马步芳部的旧军官，为了维护自己的统治和既得利益，继续为匪作恶。他们挑唆民族关系，裹胁群众，与人民政府为敌。至1953年底，西北地区共消灭各类匪特近9万人，平息武装叛乱多次，盘踞在甘青两省的马家军残部被打垮，匪患基本肃清，社会秩序明显好转。

在艰苦卓绝的剿匪斗争中，金仓岭慕容家族挺身而出，帮助解放军剿匪部队英勇作战，谱写了一曲军民鱼水情、共同守卫新家园的感人肺腑之歌。

至今，慕容古寨那几间历经风雨的老房子和珍藏在木匣子里的一枚红五星帽徽，仿佛还在回忆着那段远去的日渐模糊的往事；而2019年，登载在《青海日报》和《西海都市报》，题为《一座保存完整的剿匪指挥部》《寻找恩人钱团长》的两篇报道，剥开层层神秘面纱，向人们重现了那段可歌可泣的历史。

1949年9月9日，解放军进驻湟中县城，第一野战军二师五团政委尚志田和团长张济堂在欢迎大会上讲话，宣布一个新时代的到来。但流窜至湟中县小峡、鲁沙尔一带的马匪残兵仍困兽犹斗，不甘灭亡，发动叛乱。新生政权受到严重威胁。

据地方文史研究人员安生林先生回忆，活动在湟中一带的马匪，曾一度妄图占领兰青公路，切断一军与内地的联系，气焰十分嚣张。11月12日，匪首韩有福窜至小峡，残酷杀害湟中县二区区长王健和进步乡长张生祥；12月8日凌晨，匪首韩有福裹胁群众，扬言进攻乐家湾。韩有福率领的匪兵大肆抢劫，祸害百姓，无恶不作。9日，另一股匪兵开始攻打鲁沙尔镇，他们破坏公路，割断电话线，残杀革命干部和进步群众。面对如此严峻的形势，一军指战员决定对叛匪予以坚决打击。

慕容家族也饱受匪患之苦。这个世代以酿造酩馏酒为业的家族又一次与红色结缘。慕家先辈慕增光和张春兰是这段历史的亲历者。据他们回忆，当时，一股残匪流窜藏匿至金仓岭一座大山中，不时骚扰当地村民，一度闹得鸡犬不宁，人心惶惶。

那一年张春兰只有16岁，嫁到慕家不到一年。据她回忆，听说土匪要来，她的公公慕增光就叫全家人躲到附近的一个山洞里，来不及时就藏在自家的菜窖里。土匪进村后，见鸡抓鸡，见牛牵牛，没有不要的东西，连她家的酩馏酒都抢光了。有一次，土匪还枪杀了村里一位老奶奶。对比，家家日夜提心吊胆。

慕增光的长孙慕荣说，他爷爷生前经常向后人们提及金仓岭剿匪的故事。一支二十几人的解放军剿匪先遣队奔赴金仓岭剿匪时，慕增光不知有多高兴，热情地到村外将这支部队请进家，叫家人烧茶做饭款待，还腾出张春兰结婚不久的三间新房给战士们宿营，另外一间偏房做了剿匪指挥部。解放军曾在这间房子里，向慕增光了解村里的情况，制订剿匪计划。

当时，金仓岭剿匪形势很严峻。土匪盘踞在村后一座势如屏障的大山中，山头上建了好几个岗哨，易守难攻。为了隐蔽身份，战士们大多换上了便装，有时还装扮成牧羊人，由慕增光带领深入山中侦查匪情。闲暇时，战士们主动帮村里人干活，修墙、挑水，甚至开荒。

十几天后，战斗终于打响了。解放军兵分三路，向盘踞在金仓岭的土匪展开围剿，土匪大部被歼，余匪见大势已去，便向金娥山方向溃逃。

匪患已除,解放军撤离了金仓岭,慕家老宅作为剿匪指挥部的历史结束了。但正如《寻找恩人钱团长》一文所叙述的,金仓岭的红色故事仍然在继续。

当年,战士们完成剿匪任务,撤离金仓岭。为了感谢慕家对剿匪做出的帮助和牺牲,临行前,一位姓钱的团长将一枚五角星帽徽留给了慕增光。钱团长叮嘱道:"这是慕家支持革命的见证,以后我们还会回来,这枚五角星就是我们友谊的见证。"

可是解放军这一走便没有再回来,钱团长临行前的话,却深深地铭刻在了慕增光的心中。他将这枚五角星用手绢小心翼翼地包裹起来,放在一个木匣子里珍藏起来。

这枚五角星被慕家视为红色传家宝,代代相传,一直传到了今天。不仅如此,慕家人后来在翻修老宅时,特意将当年剿匪部队居住过的那间老房子留了下来,并原貌搬迁到慕容古寨醒目位置,建成了一座剿匪指挥部纪念馆,以表达对解放军的感恩之情。

时间飞逝,几十年过去了,慕家人再也没有见过钱团长。不知道当年的钱团长今在何方,还安在否?于是,就有了后来寻找钱团长的故事。

寻找钱团长一直是慕家人的心愿。多年后的一天,慕增光的儿媳张春兰从一份《青海解放》的画册上突然认出了钱团长,并得知,钱团长的名字叫钱治安。这张照片就是1950年9月20日青海军区第一军第一次代表大会的代表合影。得到这个信息后,2019年9月,《西海都市报》"第一阅读栏目"以《寻找恩人钱团长》为题,报道了这段尘封的往事,并希望借助媒体的力量,寻找到当年的钱团长。

在寻访中,找到唯一见过钱治安的人,是拦隆口镇下寺沟村92

岁的村民刘星老人。他激动地说:"照片上的钱治安就是来金仓岭剿匪的钱团长,当年解放军在上五庄召开剿匪大会时,我还曾站在台下听过钱团长作报告,大会开罢,钱团长就带着战士进金仓岭打仗去了。"

有一天,研究湟中县党史的安生林先生应邀参观金仓岭剿匪纪念馆,当他看到从画册翻拍的钱团长的照片时,十分激动。他说:"钱治安团长是一军驻扎在湟中县上五庄骑兵团的政委。1950年3月31日,中共青海省委通过决议,钱治安等8名干部担任湟中县委委员。解放青海后,驻扎在上五庄骑兵团的编制一直被保留了下来,直到20世纪80年代,还驻扎在上五庄。"听说了钱团长和慕家村的故事后,安生林先生查阅了大量资料,可是均未找到更多有关钱治安团长的线索。但是,安生林先生说,"金仓岭剿匪纪念馆,大约是我省保留最完整,挖掘最生动的剿匪纪念馆之一。慕家人用这样的方式,表达了对钱团长的深情思念,也表达了对那段历史的崇高敬意。"

岁月不居,星火永存,真情不灭。钱团长带领部队在金仓岭剿匪的故事,犹如酩馏绵长的酒香,在金仓岭的记忆里萦绕不息,而当年留给慕家五角星帽徽的那一缕红色印记,不仅为慕容古寨注入了不忘初心、开创未来的鲜活血液,也在金仓岭上闪耀着永远的光芒……

镌刻在山坳上的琴弦

——湟源县『小高陵精神』探寻纪略

文／朱立新

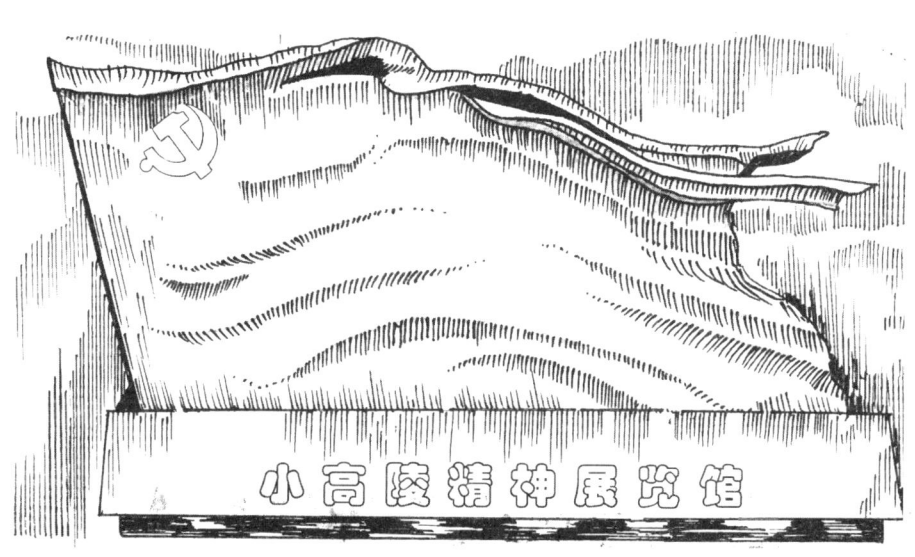

朱立新

男,1968年生于贵德。中国金融作家协会理事,青海省作家协会会员。在国内多家报刊发表诗歌、散文百余篇,出版《大河上的故乡》《河岸》散文集两部。

从西宁出来，往西沿109国道经过湟源、日月山，到共和县倒淌河乡后，再拐入214国道走40公里，就是海南藏族自治州州府所在地恰卜恰镇。我在这宁静闲适的草原小镇生活工作了30年。也就是说，从西宁至恰卜恰这条公路我走了30年，沿途的村落和显著地标，甚至一条隐匿的小河、一片小树林、一段风蚀斑驳的土墙，我都了然于心。

可是，对于紧挨着109国道边的湟源小高陵村，除了朴素内敛的村庄大门及周围一些商铺和穿梭其间的人影外，给我并没有留下更多深刻印象——它与国道边上下几个村庄一样，如一枚纽扣，被牢固地钉在一件偌大的陈旧衣裳上，毫不起眼。

无知和偏见往往使我们与尘埃里的珍珠擦肩而过。若干年后，当我离开那个小镇，不再于那条国道上往返奔波的时候，一个偶然机会，小高陵村的辉煌历史和荣耀才被我知晓，以至于我执意重回曾经的路，去造访这颗"珍珠"——这个1958年受到过周恩来总理签署的国务院奖状，1960年被评为"全国水土保持先进单位"，1965年12月8日，《人民日报》加"编者按"发表《青海高原出"大寨"》，1975年被中共青海省委授予"农业学大寨先进单位"，1979年受到过国务院嘉奖令……其"敢为人先,实干善成"的小高陵精神是青海农业战线的"一面红旗"。

早春的一个上午,和友人一起走进小高陵村庄的大门。

在村委会院子里,党总支委员、第三支部书记陈永健正等着我们。打过招呼,说明来意后,他把我们领进二楼村委会一间办公室,热情地倒了茶,然后就闪出去了。

不一会儿,他回来了,身后跟着一男一女两个人,看上去都70岁开外,穿着整齐,精神矍铄。

"他俩是当年参加过垦田造林的经历者,情况熟悉,你们慢慢喧。"陈书记对我说。

对小高陵精神的寻幽探微,便在我们的对话之间开始了。

眼前这位女人叫郎生秀,是小高陵村第五任村支书郎卓玛的女儿,当年"铁姑娘队"的一员。作为年轻的队员,郎生秀同其他姐妹们一道,起早贪黑,争先恐后。当时的自然环境和生活条件不允许她产生逃避、偷懒、打退堂鼓等非分之想。她只有一个念头,既然报了名,哪怕累趴了累死了,也得坚持,万万不能给"铁姑娘队"丢脸。尽管年轻,但她清楚"铁姑娘队"这一名称意味着什么?她们干比男人多的活,承担比男人繁重的劳动任务。背土,抬石头,砌石墙,推人力车……她们的干劲和名声逐渐在村庄里扩散,连很多小伙子都对她们竖起了大拇指。之后,"铁姑娘队"改为"青年突击队",队员们白天劳动,晚上自编自导排练文艺节目,宣传毛泽东思想和村里的好人好事,鼓励和启发群众鼓足干劲自力更生,改变小高陵一穷二白的现状。当时她们编的打油诗"白天干了晚上干,月亮底(zi)哈争模范",就是当时真实的劳动写照。

我发现郎生秀在讲述那段光辉岁月时,思路非常清晰,语气铿锵有力。而她的眉宇间不时露出的是刚毅和倔强。我在想，这是她打出生就有的禀赋还是那段岁月馈赠给她的"礼物"？

同郎生秀一起来的老汉叫谭忠林，75岁。他慢腾腾的叙述中，不知不觉间就给我概括了20世纪60年代末80年代初这一特殊时代，小高陵村民们战天斗地的主要内容，即开垦梯田、植树造林、修筑水库。正是在向严酷的大自然争取"地、树、水"这三个农业命脉的过程里，谭忠林和村民们才创造了青海农业史上的奇迹，以及彪炳史册的"小高陵精神"。

交谈过程中，谭老汉始终皱着眉头。他说的最多的就是那时候"常断口粮、饿肚子、吃不饱"几个字。当时小高陵村12个生产队，是个大村，人口多耕地少是制约发展的最大因素。加之小高陵村地处黄土高坡向青藏高原过渡带，海拔近3000米，高寒干旱，植被稀疏，水土流失严重，全村千把口人过着"早上汤，晌午光，晚上空碗见月光"的日子。因此，向荒地要耕地成了他们生存的首要任务。

小高陵村庄前后多数是坡面65度的山丘，也是可以开垦利用的主要资源——首任村支书陈治元经过一段时间的苦思冥想和实地查勘，终于下定决心，带领村民们向村后的罗尔干山进发了，并逐步摸索出垦荒造林经验，就是摒弃"人定胜天"的思想，在尊重自然规律的基础上，创造智慧和奇迹——在山顶挖水平沟，截流分洪；山坡上挖鱼鳞坑，蓄水植树；在山脚的缓坡处修建外高里低的窄式梯田种粮食。

除此之外，村庄里面和周围，也成了村民们"夺地"的目标。"寸土必争"这个词被小高陵村民演绎得淋漓尽致。

谭忠林老汉比画着手势，给我绘声绘色地讲述着把一条横贯村庄长2公里、深10米、宽12米多的大水槽用人工填埋起来的"壮举"。

当时人力车奇缺，不能从远处运土，人们只能站成长长一排，一铁锨一铁锨地转运填土。大部分人抽去农田基本建设劳动，或去林场，劳力也很少，12个生产队共抽了五十几个人，经过近一年半披星戴月的艰辛劳动，巨坑被填平了。如今，这块近百亩的平地上长满了麦子、大豆、油菜……

如果说向荒山闲地要耕地，是小高陵人民自力更生精神的展示，那么修建水库则表现出他们敢于突破的创新精神。修建水库的难度一定程度上比垦荒造田更大，难度来自砌筑库体的石料运输和砌墙技术，也来自建成后除做灌溉水源外，养鱼养虾是否能成功？如果不成功，那么修建水库的意义将大打折扣。

面对困惑和质疑，总有人站出来一拍胸脯，然后奋勇前行：他们中有村支书陈治元；有时年23岁的"青年突击队"队长李积福；打夯号子手谭忠林；时年16岁、自愿报名加入"铁姑娘队"的马菊芳；受到过毛泽东主席接见的后任村支书王生珍；劳动能手李宽……他们的身后，就毅然跟随了十个、三十个、五十个扛十字镐的，挎柳条筐的，攥铁锨把的，牵毛驴车的……

谭忠林深有感触地说"那时候生活困难，但人们心齐，实诚，只要有劳动任务，不用喊，大伙儿总会抢着去劳动。"

后来，修建了两个水库。几年后，一个被水冲毁了，一个用了很多年。1963年3月30日，《人民日报》发表了题为《洞庭湖鱼在青海繁殖后代》的消息，写到"湟源县和平公社小高陵大队饲养的从湖南洞庭湖引进的鲤鱼、草鱼、鲢鱼等，今年开始在高原上繁殖它们的下一代。"

至20世纪70年代末，小高陵村党支部以勇于拼搏、坚韧不拔的斗志，善始善成的气概，共开垦4700余亩梯田，占山地耕地面积的95%；共治理3条沟，8座山，15面坡，兴修渠道3条，小型水库2座，控制水土流失面积95%，林草覆盖率达85%，全村面貌和生态环境得到根本改变，生产生活条件明显改善。

临近中午时，陈永健带我们去村后面的罗尔干山顶看看——那里修建了观光台、红色教育基地、博物馆。

村巷道拐角处，几个老人坐在阳光下有一句没一句地聊着天。三个五六岁大小的小孩在他们脚跟前玩耍。老人们见我走过来，马上停下聊天话题，投来真诚淳朴的笑容。

我边往后山走，边打量着干净规整的条条巷道，努力感受着这个被我一度忽视的村庄里散发的魅力和气质——那是家家大门上斜插的五星红旗？是春节贴上的还散发着墨香的春联？是洁白院墙上描绘的乡规村约？是从活动室传出的村民业余乐队奏响的《喜洋洋》……抑或是那根建于1980年、52米高的村庄地标老砖厂烟囱？是遍布村庄周围的粉条厂、饲料厂、养殖场？还是109国道边数公里长的门前每天停满车的"排骨面馆"？

沿着从村子延伸出来的硬化路继续往后山走去。渐渐地，路两边的白杨树茂密起来，几乎遮挡了两边田野的景致。路边的"U"型水渠里结着厚厚一层冰，冰面上冻结了一些枯叶、塑料瓶、布条之类的。水渠执着地紧挨蜿蜒小路向山顶爬去，仿佛伸展腰身要到高处捞盛更多温暖的冬阳。越往上，路越陡峭，我们走得也越来越慢。这正好给了我们细看近观的机会——在每条塄坎，每块田畦，每株树，每座地界碑石的上面，至今仍留存有小高陵村民们50年前的汗珠和血水吧？还萦绕着他们战天斗地的劳动号子吧？

山顶上，风一直刮着。风从很远的山峦间刮来，又刮向更远的地方。

李永健带我们走过一个水泥地坪停车场，绕过两间木制售票厅，踏上了一排大概60米长的木廊。在这里，李永健停住脚步，神情庄重地手指西南方向让我们看。

"诺，那个齐崖就是当年我父亲带领村里的男女老少，用了整半年时间，挖平一座山的痕迹。"

"那片梯田就是当年从一面山坡开垦出来的，现在是全村最攒劲的庄稼地，肥沃平整，种啥，啥就产量高。"

"那些树是近几年栽的。远一点的那些一垄一垄的黑刺是当年挖鱼鳞坑栽的。"

……

陈永健说起这些20世纪六七十年代垦山育林的"杰作"时，总会用"当年"来代替具体年份。

顺着他的指引，我们惊讶地看到远处大片大片的梯田，在低缓的山坡上依次排开，错落有致。有的随山势呈"S"形走向，有的呈半弧形延伸，有的平直齐整。不论从哪个角度眺望，无不显示着大地一种优美流畅的蓬勃动感。每块田畦的塄坎上，长满了笔直的白杨，它们仿佛倒悬的银白帘子，隔断了层层梯田又将它们串联起来，使之成为和谐静谧的有机统一体。我们被眼前一山一坡的梯田景象震慑住了，谁也不说话——在前辈们用智慧和血汗在大自然创造出的功绩面前，我们唯一能做的只能是沉默、叹服、仰望和铭记！

忽然间，我疑惑起来：这哪里是黄土铺就的生长谷物的庄稼地啊！这分明是一把镌刻在大地的巨大琴弦，竖立其间的白杨树是音符，从远处吹拂不息的风是琴手，它们浑然天成，气韵相融，配合自如，春夏秋冬年年月月鸣奏着一曲曲或哀婉或欢乐的歌谣……

离木廊不远，就是山顶上的另一个景点，由湟源县政府投资修建的"小高陵红色教育基地"。

推开原木色双扇大门,是一个洁净而狭小的四合院。几间房子分列两侧,据说是专为前来接受红色教育的各个单位职工提供食宿的地方。四合院南面,是展览馆。里面陈列着一些奖状、旧照片等。我在一列玻璃柜前停了下来,里面摆放有一张2019年6月21日的彩色版《人民日报》,在第13版"记者调查"专版用一整版刊载着通讯《高原小山村,逐梦七十年》,介绍了当年小高陵村历经垦荒造林,几度商海搏击,锚定绿色发展的奋进蜕变史。

我拿出手机,拍下了这张报纸。

很多时候,我们对一段历史的钩沉探奥,无非是想从中找到与当下契合的精神归属或情感源头。当我从根本不知道和平乡小高陵村的具体位置,到后来好几次走进它、熟知它,甚至喜欢上它,不仅仅是因为它被打上了"小高陵精神"的光辉烙印,也不仅仅因为那些开垦出的梯田、栽植的树木、修建的水渠等至今依然发挥着重要作用,更重要的是曾经创造"精神"的劳动者们在那个特殊而严酷的生活环境下,所表现出来的信仰、胆略、气魄、乐观等优秀品质,以及血液里流淌的淳朴、无私、韧劲、团结等红色基因,如今被村里的年轻人们传承发扬,并潜移默化渗透进各自工作生活的点点滴滴。后来他们中不乏成功人士——厅级干部、县级干部、律师、大学教授、企业家……

"青海高原风光好,日月山下红旗飘。人如海,歌如潮,挥银锄,志气豪。劳动开创新天地,高山低头河改道,小高陵人民多奇志,荒山秃岭换新貌……"不因为这是一段那时的应景歌词,而被我们传唱吟诵;"敢为人先,实干善成",不因为这是一句口号而被我们熟稔铭记。它们折射出的,正是小高陵人民对于自然的尊重、生活的信念和生命的敬畏。

有一天，村里的谭忠林老人和陈永健在村文化活动室门口笑着对我说了两件事，以前村里穷，劳动任务繁重，村里的丫头都抢着往别的地方出嫁。现在呢，村里富裕了，尕小伙们越不敢落后，抢着比着挣光阴，而且各个懂礼貌，尊老爱幼，心疼媳妇，丫头们都愿意留村里找女婿。这就叫"肥水不流外人田"哩；另一件事是，小高陵村的人走路比外庄子的人快。这是当年起早贪黑修梯田时形成的习惯。

我没有证实过第二件事情的真伪，但我想，它更多地蕴含了小高陵村民们的禀赋——不甘落后，不敢怠慢，做任何事情只想以最快速度完成。他们知道，日子短促，可做的事情很多，如果慢一步，机遇就瞬间即逝。这是他们无法忍受的。

我想，这恰恰就是他们能够在青海大地创造"小高陵精神"的内因之一吧！

黄河南岸：红星闪耀的村庄

文/杨廷成

杨廷成

青海平安人，1980年代初期开始业余文学创作，出版个人文学作品集8部。中国作家协会会员、青海省作家协会副主席。现供职于青海省工业和信息化厅。

在循化撒拉族自治县查汗都斯乡，紧挨古什群峡口南岸，这片昔日十分荒僻曾叫赞卜乎的地方，有一个撒拉族聚居的村庄——红光村。这个村名诞生于20世纪80年代末，历史不算长，但从这村名里，人们不难觉察到它隐含的寓意。历史曾在这里留下了一段难以割舍的红色记忆。八十多年前那段与西路军红军有关的往事与村庄后来的命运与变迁血脉相传、血乳交融，使这个曾经普普通通的撒拉族村庄犹如一颗闪耀的红星，从黄河波涛间升起，在青海高原上熠熠生辉。

"死亡之角"的隐秘往事

在往常的日子里，马乙四夫走过村巷，每当路过村头西路军红军纪念馆，在一面墙上镌刻着西路军作战示意图的青铜色浮雕前，总会伫立凝思一会儿。远处传来黄河的涛声，阳光照在清真寺穹顶，点亮红军纪念塔上那颗红星，照亮每一副庄廓院、每一座纪念雕塑和每一块勒刻着红色纪念字样的石头，照亮整个村子。他就会心如潮涌，感到自己肩上的那份责任，光荣却又沉重……

这位撒拉族汉子，是红光村现任党支部书记。

时光流逝，眼前的红光村脱胎换骨，是一个现代化新农村的模样，更为特殊的是，村庄的一头接续着村庄的红色记忆，一头通向村庄的未来。凭吊过去更是为了继往开来，为了全村一千多撒拉等各族群众更加美好幸福的新生活。

随着红光村红色教育基地的建成，前来参观、学习和旅游的省内外来客日益增多。很多次，马乙四夫热情为前来参观、学习的团队和游客承担导游和讲解义务，解密一个村庄鲜为人知的往事，并兴奋地勾画一个村庄走向未来的明亮的路径。

他的讲述将人们带回到八十多年前那烽火连天的岁月，一支浴血奋战、出生入死、筚路蓝缕的战士从河西走廊走进人们的视野——

他们就是中国工农红军西路军，用滚烫的鲜血和坚贞的信仰，在中国西部抒写了一曲震撼昆仑的英雄壮歌。

河西走廊，绵延一千余公里。茫茫戈壁黄沙浸染着英雄的鲜血，掩埋着一段西路军惨烈悲壮的历史，战士们以血肉之躯殊死战斗，使红色火种生生不息。

1936年10月，中国工农红四方面军总部及所属的第三十军、九军、五军等两万多名忠勇将士，奉中共中央和中央军委命令，在甘肃靖远地区西渡黄河。部队先是去执行宁夏战役计划，嗣后，随战局变化，奉命改称西路军，奔赴河西，建立革命根据地。1936年冬天至1937年春天，短短五个月之内，西路军经历了进攻、防御、东返西征、反复突围，与国民党马步芳部进行了最残酷、最悲壮的血战。

1937年1月，高台之战打响。马步芳集中六七万之众，向只剩下一万余人的西路军发起猛烈进攻。西路军将士以寡敌众，顽强据守，血战持续一个多星期，西路军付出了沉重代价，基本上弹尽粮绝。

3月，梨园口战役后，西路军剩下的千余将士开始转战祁连山。

战斗中被俘的万余名红军将士大部分惨遭杀害,约有数千名被押往西宁。1939年,一个夏日的黄昏。古什群峡口,夕阳照在凝血般的黄河上,显得苍凉而悲壮。这时,一支四百多人组成的队伍由荷枪实弹的士兵押解着,走出拉水峡,往南,踏上当时循化境内黄河上唯一一座木桥,向赞卜乎这片尚无人烟的荒滩野洼走来。这些被押解的人衣衫褴褛,步履踉跄,不少人伤痕累累。他们中间最大的三十来岁,最小的只有十四五岁,其中还有一名女子。

他们在赞布乎安营扎寨,开始了夜以继日、年复一年的艰辛无比的拓荒,这片昔日狐兔奔逐、山风河声飘荡之地,从此升起了人间的第一缕烟火。

渐渐,当地撒拉族群众与他们有了偶尔的交际,人们才慢慢知道,他们是一支由马步芳编制的被俘西路军战士组成的"工兵营",曾使役乐家湾机场、享堂公路的修建,随后押赴赞布乎修路架桥、开荒屯田。

在多年以后的追忆记叙中,有人将这片人烟荒绝之地称为"死亡之角"。诚然。在敌人长期严密监视、残酷压迫劳役之下,这些红军战士日渐体弱多病,形容枯槁,不少战友在对遥远故乡思念的无限伤痛中含恨离世,遗魂他乡荒野。但顽强活下来的人,深埋在他们心中的革命信念、战斗意志和红色希望仍未破灭。

他们先在荒野里夯筑土墙,圈成庄廓,然后从山中伐木,运回修建房屋。他们修筑的大门和正房的坐向与当地坐北朝南的传统格局迥然不同,而是一律朝北。有人破解道,这里暗涵着他们心中那盏没有熄灭的灯:跨越黄河,北上抗日!

在极度险恶的环境中,他们不畏强暴,坚守信念。这是极度隐忍中对一种不了情结和不屈意志的最有力、最坚韧的表达。

这种铁血一般的信念，将会在他们日后顽强的生命中得到更多更加巧妙的暗示和凸显。

伐木、垦荒、开渠、铺路、修桥、建校……赞卜乎荒滩上诞生了一个新的村落。后来，一户又一户撒拉族贫民携家带口被迁居到这里，成为马步芳家族庄头的佃农。随着时间的推移，红军战士与当地撒拉族群众建立了深厚的感情，相互帮助，相濡以沫。撒拉族群众帮助和保护他们，他们帮助撒拉族群众改进生产技艺，制作劳动工具，建设基础设施。后来，当地撒拉人家也开始愿意把姑娘嫁给他们，耕种劳作，生儿育女，在这个遥远的第二故乡扎下了根。

然而，他们向往革命、向往家乡的心情从来就没有平静过，像黄河的浪花一样。冬去春来。多少个黄昏时分，垦荒者们三五相约，来到黄河岸边，长久地凝视着东去的黄河，他们的无数祈愿和盼望随波远去，向家乡，向东边的红色圣地奔涌而去……

在今日红军纪念馆的一段资料显示：1939年至1946年，红军共开垦荒地一千七百多亩，修建民宅六十多座，架桥一座，修建巨型水车五架、水磨三盘、油坊两处，修建学校一所、清真寺一座……

至今，一些撒拉族老人还记着，很自豪地说，我们今天种的耕地全是当年红军用血汗开垦的，还是他们和当地撒拉族群众一道在黄河天堑建起了一座桥。

古什群古渡口是早在汉代就已修建的军事桥头堡，连接南北二城的木质握桥，是黄河上游的第一座桥梁，历经多次修造与毁坏。1942年，西路军战士和当地撒拉族群众齐心协力历时一年多时间，一座新握桥在古什群渡口建成。

对村里暗藏玄机、别具一格的清真寺，当地群众更是崇敬有加。这座清真寺当年由红军战士所建。大殿的前卷和宣礼塔至今依然保留着当年修建时的原貌。

每有游客参观清真寺,导游总会指着大殿屋脊上的青砖造型说,请各位朋友仔细看一看、认真找一找,那上面雕刻中到底藏着些什么图案?顷刻,人们各有所获。有人看见了"镰刀斧头",有人发现了"五角星",还有人找到了"工字""领章"图形等。这些象征中国革命的图案巧妙地镶嵌在前殿正脊缠花脊筒上,点缀在礼拜殿顶部,历经风吹雨打,依然清晰可辨。宣礼楼的建筑也不同于撒拉族传统造型风格,而是寓意为"红四方面军"的方形四角楼,四根一通到顶的通天柱,表达着红军抗战到底的坚定决心。

他们还亲自设计、取材、施工,在村里建起了一所小学,命名为古什群小学。这是中国历史上唯一一座由西路军红军建造的学校。原校舍于1993年拆除重建时,发现了篾刀、镢头以及刻有五角星和人名的青砖等大量历史遗迹和遗物。

这一切,至今依然彰显着他们矢志不渝的革命情怀,诉说着风雨如磐的年代感天动地的英雄故事。

这是一份凝聚着血与火的旷世情缘,也是一份深藏着爱与恨的红色记忆。

讲解到最后,马乙四夫总会深情地说:"没有红军,就没有我们红光村,是红军开启了红光村的历史。无论是今天,还是将来,红光村的血脉里将永远赓续他们的英勇、正义和永不破灭的革命理想信念。"

守望了半个世纪的光荣与梦想

岁月轮回更替,黄河涛声依旧。

新中国成立后，风风雨雨，又是多少年过去了。当年的被俘红军，那些英姿勃发、杀敌报国的热血青年，在企盼和等待中老了，一个个先后枕着黄河的波涛，抱着各自的遗憾，长眠于这片碧水丹霞之地。直到2000年，最后一位红军老战士遥望北方的沧桑背影也消失在了古什群峡口……

在过去的岁月里，他们翘望的目光、魂缠梦绕的念想，一次次随着黄河的波涛飘向远方……他们相信，总有一天，首长会派人接他们归队，与他们的战友并肩作战；老家的人会找来看望他们……但这些，他们大多数人生前没有盼到。

但是，可以告慰红军战士忠魂的是，他们的红色血脉仍然隐隐流传在他们的子孙以及许许多多撒拉族父老乡亲的记忆深处。后来者一直在守望着那些容纳过他们灵肉的土院木屋，甚至他们用过的一把镢头、一盏油灯、几片青砖……守望着那座清真寺顶上风雨剥蚀的五星，守望着这个来历不凡的村落。

经过许多人的努力，时间到了1987年，村里终于盼来了那一份迟到的荣光和难逢的机遇。根据当地撒拉族穆斯林的意愿，青海省人民政府将这个全国唯一由西路军红军修建的村庄——赞布乎村更名为红光村，取意"红军精神光照千秋"。

红光，激活了村上老人蛰伏在心底的那一段遥远的记忆，浸染着火光与血光、苦难与希望；红光，为后来者注入了一股不忘初心、追求美好生活的无形力量。这个曾叫赞卜乎的村庄开始书写它新的历史，在一种红色的光晕里，创造属于自己的美好梦想。

村上的干部们自此肩负了一种神圣的使命，带领全村人团结拼搏，为了兑现红军老战士未尽的夙愿，为了今后的幸福生活，满怀希望，踏上了新的征程。

2009年的一个春天，田野里禾苗青青，村巷里梨树、杏树花枝簇拥。又是一个希望的季节。这时，一个重大的决定在村两委会上形成了。这是一项经过深入征求民意、反复研究讨论形成的决定：充分挖掘红光村的红色资源，筹资建设西路军红军纪念馆。决议形成了，但资金是个大问题，还有收藏展出的史料、遗迹和文物也是个问题。

双管齐下。一边筹集资金建馆，一边组织人员搜集资料和实物。经过动员，村民热情参与，自发捐款，很快筹集了十万元资金，纪念馆在这个春天开始破土动工。一边由村支书马乙四夫带领一班人马四处奔波，收集文物史料。他们辗转河西走廊、兰州八路军办事处纪念馆、高台西路红军纪念馆……先后历时一个多月，行程一万多公里，收集了大量与西路军红军有关的资料和遗物。

红光村的行动受到社会各界的热切关注，并得到多方大力支持。循化县委、县政府鼎力支持，还有许许多多来自省内外的援助。经过十多年的努力，西路红军纪念馆、红光清真寺、红军小学、红色广场、红色农家院、水磨坊等一系列红色建筑和设施在红光村纷纷落成。一个颇具规模的红色教育基地和红色旅游地，就这样在黄河岸边诞生了，日益散发出它独具魅力的光彩。

如今，走进红光村，这里的一山一水、一巷一院、一砖一瓦、一草一木，都和当年西路军红军有着千丝万缕的联系。那种为中华民族的存亡同仇敌忾、浴血奋战、情感天地的革命英雄主义精神，穿越漫漫时光，在这片土地上生根开花，挽连成一个丝丝紧扣的红色情结，感召和激励着越来越多的人。

红军纪念馆坐北向南，瓷砖面门楼上镶嵌着"西路红军纪念馆"铜色匾牌。院内的松柏树，枝干遒劲，葳蕤成荫。西路红军纪念碑耸立其间，方形碑身，塔尖一颗红星格外耀目。碑身正面铭刻的碑记，概述了西路红军于河西走廊战役中失利被俘，押送到赞卜乎地区战俘集中营苦役经历及西路军战士坚持与敌斗争、坚贞不屈的英雄事迹；背面铭刻着西路红军失散人员名单。在陈列室内陈列着二十多幅西路红军战士流落循化晚年时的照片，格外引人瞩目。这里还陈列着红军战士的一些遗物。一对摇椅和一张单桌，刻在摇椅靠背档头上的一颗五角星仿佛还讲述着过去的故事。前国家领导人李先念、徐向前的题词醒然在目："红军西路军战士永远活在我们心中！""西路军牺牲烈士的精神永垂史册！"

……

在纪念馆不远处就是西路军红军小学。它的前身就是红军修建的古什群小学。时任青海省委常委、宣传部长的我国当代著名诗人吉狄马加亲自题写校名。校园内，一棵高大的杏树枝叶繁茂，杏树的下面矗立着一块黄河石，上书三个遒劲有力的大字：红军树。据村上老人说，这棵树是当年红军亲手栽植。

这所遥远西部的小学一度闻名遐迩，获得越来越多的荣耀——

2011年以来，习近平、胡锦涛、吴邦国、李瑞环等党和国家领导人先后为学校题词；

先后被命名为"全国红军小学建设工程爱国主义教育基地"，全国第一所以"西路军"命名的红军小学，青海省第一所爱国主义教育基地学校；

2012年7月，兰州军区原司令员王国生上将亲临红军小学视察，并筹资300万元修建了如今漂亮气派的综合教学楼；

2014年7月，西路军总指挥徐向前的后代徐小岩，西路军宣传部长刘瑞龙的女儿刘延淮等西路军将士后代赴红光村参观调研；

同年8月，解放军总政治部副主任贾廷安上将到红光村小学视察工作，调研红色文化……

校园里时常飘荡着嘹亮动听的童声合唱《红军小学之歌》："校旗上闪烁红军的五星，脚下路延续新的长征，我们是新一代红军小战士，先辈的热血在身上奔腾……"

走在干净整洁的村巷，"工兵营农家院""老连长农家院""老排长农家院""老班长农家院"等新农舍不时进入眼帘。这里寄托着红光村撒拉族群众对红军难以忘却的真诚、朴实的情怀和追思。

这是红光村人整整守望了半个世纪的一份红色遗产、一份光荣与梦想！

红色密码谱写时代新歌

红军故事和长征精神成为活着的历史，已深深渗入红光村的血脉，成为鲜活的红色基因。传承，感恩，奋进，不断化为撒拉等各族群众锐意笃行、克坚攻难，追求美好生活的精神动力，化为红光村世代传承的一份极其宝贵的红色资源。

与河湟谷地的许多村庄一样，直到 20 世纪末，红光村许多农户仍生活在贫困线上，入不敷出，日子过得十分夹脚。这有着复杂的历史和自然的因素。耕地少，种植结构单一，创收门路狭窄，村民观念落后，缺乏务工技术和发展意识等，严重制约了村里的经济发展，大部分人家虽能维持温饱，可丰衣足食的小康生活仿佛还是一个够不着的梦。

2000 年，新世纪曙光降临之际，黄河又一次沸腾了。这时，公伯峡黄河水电站开始兴建，这为附近的红光村带来了千载难逢的机遇。村上大部分土地被征用，很多农户得到了一笔补偿款；还可以到邻近的电站工地打工,赚到一些收入,红光村充满了新的骚动和希望。

几年后,电站竣工了,留下一些废弃的建筑,逐日颓败。又过了几年,一些不善理财的农户的土地补偿款也花光了,再加上耕地大幅减少,人均不足二分地,平均收入也就一千多元,不少农户很快又跌到贫困线以下,爬不起来。

出路在何方?红光村一度陷入困惑,望着黄河浩浩东去,日夜不息,他们在苦苦地寻找一条突围之路。

时间转眼到了2008年,望着公伯峡电站日夜向四面八方输送着源源不断的光热能源。红光村着急啊!村民急,村干部更急,我们的致富之源究竟在哪里?

这当儿,一个人出现了。在此后的十数年时间里,这个人成为红光村新时期一位开拓创新的领军人物,带领全村人团结拼搏,艰苦创业,走上脱贫致富奔小康的新的长征。

他,就是本文开头提到的那位村支书,马乙四夫。他是一个敢闯敢干、有见识、有胆魄、能拿事的撒拉汉子。

2008年,马乙四夫当选红光村党支部书记,成为村里的顶梁柱。之前,他已是闯荡天下,事业正红,是小有名气的循化农民企业家。经过村民们"三顾茅庐",他才忍痛低价卖掉在外施工的工程设备,带着一笔资金,毅然返乡,带领村民一起奋斗、一起追梦。

走村入户,召开群众大会,深入了解村情民意;召开村两委会,反复商量研究村上发展大计。红光村今后发展思路逐渐明晰起来。照马乙四夫的话说,"我们有这样好的红色家底,就要充分地利用起来,发挥它的作用。"

充分挖掘利用红色资源,打造"红色之旅""民俗之旅""生态之旅"三大特色旅游项目,以红色旅游业带动黄河绿色产业,带领群众摆脱贫困，共同致富，早日在红光村实现小康。

红光村未来的发展路径，就这样敲定了。

马乙四夫抢抓机遇，借电站水库之利，举全村之力，投入数十万元，创办了循化县第一家民办旅游公司——公伯峡旅游服务有限公司，吸收红光村的二十多名乡亲就业。

到了2009年，旅游公司积累了一定家底。他开始以红色文化与撒拉族特色农家院相结合的模式，策划推出第一家"红光村撒拉人家"农家院，以此拓展旅游线路和服务项目，将循化一日游延伸到"循化西部红色游"和"公伯峡景区水上游"两日游。此举，红光村夺得关键一筹。

靠山吃山，靠水吃水。马乙四夫时常望着宽阔的水库湖水思索，隐隐觉得这水面上似乎还有文章可做。从此，他开始关注黄河冷水鱼养殖。提起养鱼，不少村民直摇头：我们撒拉族祖祖辈辈的传统是养殖和育肥牛羊，鱼是怎么个弄法？他们持观望态度。

而马乙四夫认准的理儿，哪怕水再深都要蹚一蹚。这是他特有的脾性。从那时开始，他和几个村民没明没夜，跑东跑西，一起查找资料，咨询专家。自然，吃了不少苦，碰了不少钉子，不知把多少失败的痛苦咽到了肚里。

几年的摸爬滚打，鲤鱼终于跳过了龙门，满目银光粼粼。先前投放的近二十万尾鱼苗历经风波，终于活蹦乱跳长大了，最大的足足有十五公斤。水产养殖公司应运而生，他自己也成为冷水鱼养殖专家。

为了带动更多贫困户养鱼致富，在鱼儿收获上市时，马乙四夫专门请村民来现场观摩销售情况。当看到上海和广州的客户直接上门收购，利润也十分可观时，不少村民心动了。通过实行农户入股、公司运作、农户监督、年底分红的创新模式，村上水产养殖业规模逐年扩大。到2018年，已有五户村民入股水产养殖公司。

不少农户在鱼身上发了财，脱了贫，过上了小康生活。村上曾建档立卡的贫困户韩乙四么，许多日子都在鱼塘里忙乎，风吹雨打，辛苦自不必说，但他黝黑的脸上却常常露出满足的微笑。他说："我已养了四年的鱼儿，每月能赚到四千多元工资。过去家里捉襟见肘，现在真的是年年有余了……"

如今，当人们站在公伯峡水库的码头上，即可望见碧波荡漾的湖面上一排排整齐的网箱，网箱里攒动着千万条三文鱼、金鳟鱼、虹鳟鱼，在阳光下鳞光闪闪，这就是红光村冷水鱼养殖基地。

如鱼得水，预示着红光村未来的日子。

在奔小康的路上，马乙四夫新招迭出，他动员、引导、帮助一部分有条件的家庭开办农家院，向他们传授创业经验，协调解决数百万元启动资金，红光村的"红色撒拉人家"日渐兴起，吸引了越来越多的当地和外地游客，很多农户率先走上了致富之路。

村民陕红国开办的"撒拉人家"菜肴主打品种是传统撒拉宴，还有以南瓜汤、熬茶、包子、土豆等为特色的"红军宴"。由于环境优良，风味独特，服务到家，深受游客青睐，效益越来越好，一年的收入都在十万元往上。人们问陕红国，他总说这样一句话："我有今天的幸福日子，全靠党的好政策，靠红色旅游，也是托了红军先辈之福啊！"

"小康路上，红光村的人一个都不能掉队。"马乙四夫常常这样说。扶贫攻坚工程中，通过精准摸底，红光村共确认建档立卡贫困户十九户六十四人。一户一策，现已全部脱贫。

农家院建成运营后，产生的承包租金收益，村上按发放工资的形式进行分配，并在用工时坚持优先吸纳本村贫困户群众就业，其中两户建档立卡贫困户，人均每月增收两千八百元；

村上多次举办各类技能培训，带动十二户贫困户二十九名村民实现稳定就业：参加烹饪培训班，近百名村民赴全国各个城市开拉面馆，年创收三百余万元；

擅长牛羊育肥的七户村民，每户扶持十万元贷款。村民孔阿吾原来的生活仅够温饱，他用扶持贷款发展养殖业，三年时间先后饲养了十五头牛，每年都有五万元的收入。

入股水产养殖的村民马吾麦热，三年分红十二万元。有了本钱，夫妻二人又到内蒙古开拉面馆，年收入达十五万元以上；

村民马乙布拉海卖擅长拉面，但生活贫困，儿子娶不上媳妇。村上帮他解决了十五万元贷款，开了拉面馆。三年后，还清了贷款，建了新房，儿子娶上了媳妇，家庭年收入五六万元，生活有了翻天覆地的变化；

村民马则乃白命运多舛，丈夫去世，她一人拖儿带女，生活十分艰难。马乙四夫将她安排到村里公益岗位当清洁员，每年增收一万多元……

2017年，红光村提前整体脱贫，比全县2018年脱贫时间整整早了一年。

2018年，马乙四夫光荣当选十三届全国人大代表，连续五年代表撒拉族赴北京出席会议。他曾在会上郑重表态，要牢记习近平总书记的殷殷嘱托，切实承担起生态文明建设责任，做好黄河生态保护治理，深入发掘黄河文化和当地红色文化，以红色旅游带动黄河沿岸绿色产业发展……

马乙四夫又规划治理荒山，创办辣椒、花椒"两椒"种植基地，依靠"一河两椒"，让红光村走上持续发展的绿色产业之路。

2021年，正值党的百年华诞之际，红光村迎来了又一次红色游高潮，全年接待省内外游客逾百万人。

7月的一天，鱼肥椒红，瓜果飘香。前往红光村的旅游大巴一辆接着一辆，村口人头攒动，游客络绎不绝。"今天已经接待了来自兰州、临夏等外地的三拨游客！"讲解员韩玉红说。"七一"期间，她和同事节假日几乎没有休息过。说着，村里又驶进来两辆旅游大巴。

与讲解员韩玉红一起忙碌的，还有马乙四夫。这些天，他也一直没闲着，有时候讲解员忙不过来，他便客串讲解员。

村道两旁，随处可见销售红色旅游纪念品，以及辣椒、花椒等农副产品的商铺和摊位。村民马努沙说，今年的游客特别多，他铺子里的辣椒也卖出不少。一串串辣椒映红了他的笑脸，映红了的还有红光村人世代追求的那个梦想……

红星照耀黄河

这篇关于红光村的文字已近尾声，但还有一个人不能忘记。他就是红光村红色文化最优秀的传承者和践行者。红光村历史上将会留下他不可或缺的一笔。他是红光村红军小学校长马明全，先后获得全国职工职业道德标兵个人、第五届全国道德模范提名奖、全国五一劳动奖章获得者、全国红军小学优秀校长等诸多殊荣，但他不改初衷，一如既往无私奉献，教书育人，默默书写着属于自己的那部红色春秋。

如果说，马乙四夫利用红色资源，打造绿色产业，率领全村群众在红光村率先建成了小康；而马明全则是不断用心血擦拭着那颗时间深处的红星，使那鲜亮的光芒穿透时光的阻隔，照亮越来越多的人的心灵，使那一脉红色基因永续相传。

2010年秋天，因工作需要，马明全被组织派到红光村担任小学校长。临行前，年近九旬的老父亲语重心长地对他说："孩子，你也许不知道，那个村子过去叫赞卜乎，是想当年红军西路军被俘战士修建的，学校的前身也是他们修建的。红军战士在那里吃了很多苦、受了不少罪。作为撒拉族人，单从道义上讲也不能忘记他们的功劳啊！"

到学校不久，一位老教师对他说："我在这个学校里工作了几十年，目睹了学校的变迁，这么多年里校长换了一个又一个，老师轮了一茬又一茬，可是，随着岁月的变迁，学校的旧房子没有了，一些当年红军留下的遗迹也快消失了。红军精神怎么传承啊？"

老教师忧心如焚的话语让他想到了许多。多少个不眠之夜过去，一种特别的责任感油然而生。于是，他在教学之余，到乡亲们家里，从老人们口中聆听、搜集红军故事，并坚持撰写红色日记。这一写，就是七八年。他伸手向妻子"借"钱，抽空走访了近百余名红军历史的见证者和亲历者，曾多次拜访循化县最后一名在世老红军邵明先，直到他去世，为他留下了宝贵的文字影像资料。

多少个黄昏，马明全在黄河边漫步的时候，望着昼夜不舍的荡漾碧波，心中放不下的是这个全国唯一由西路军红军创建的村庄，这座洒满西路军战士鲜血和汗水的学校，还有二百多个可爱的孩子，以及世代守护红色遗迹的父老乡亲。他心中渐渐浮现出一个明确的信念和目标：不遗余力挖掘红色历史，保护红色遗迹，把红军学校建设成发扬红军精神、传承红色文化的爱国主义教育基地。

其时，红光村小学正准备撤并。不能让红军修建的学校在他手中消失，马明全心想，这可是全国唯一一所由西路红军修建的学校啊！

先得让大家知道有这么一所学校，于是，马明全开始进行学校红色文化的打造和宣传工作。自己跑市场购买材料，自己动手做展板，几年下来，马明全自己垫付的资金就达十余万元。他还多方联系，四处奔波，一遍遍向有关部门和人员讲述这里曾经发生的故事，以期引起更多的关注。

从2011年开始，马明全动员乡亲们为学校捐赠巨型黄河奇石，利用空地修建奇石风景苑，在校园内错落有致地摆放了九块黄河奇石。还分别以"永远的丰碑""他是快乐的撒拉少年"为板块，完成师生绘画近百余幅，把红色文化、民族文化、校园文化有机结合起来，使学校更具有活力和魅力。

2011年11月，全国红军小学建设工程理事会为村小学授牌，使其成为全国唯一一所以"西路军"命名的红军小学。

令马明全尤其难忘的是，2017年8月1日，建军九十周年纪念日当天，在天安门广场升起的那面五星红旗，由国旗护卫队经全国红军小学建设工程理事会转赠给红光村红军小学收藏。不少人慕名前来，在这面不凡的光荣的旗帜下留影。原青海省委书记王建军参观学校时曾说："这面旗，将来是循化县人民一笔巨大的精神财富。"

红星照耀前行路，革命精神代代传。多年来，马明全接待的参观者不计其数，光现场讲解就有五百多场次。不久前，他呕心沥血，历经十年寒暑，倾心搜集整理创作的《红星照耀黄河》正式出版发行，了却了他多年的夙愿。本书以纪实文学的形式，讲述了发生在循化鲜为人知的革命历史故事，以及新时期循化各族人民传承红军精神、团结一心、奔赴新征程、共圆中国梦的催人奋进的新传奇。

梦想在现实中一步一步向他走来。从此，马明全成为名副其实的红光村红军精神的传承人。从他身上，人们看到红军精神正在不断发扬光大，闪射出激励人心的光芒。

一串驼铃叮当,
清澈的泉水滋润着泣血的生命之花。
一声仰首嘶鸣,
汹涌的黄河掀动撒拉尔跋涉的足音……

一颗红色星辰,划过历史天空,划过黄河波涛,它点亮的将是这一方撒拉尔家园、这一方美丽山水永不熄灭的精神燧火……

2022 年 6 月 . 循化—西宁

花影里的远行
——十世班禅大师故乡行记

文／龙仁青

龙仁青

汉藏双语作家。中国作协会员,青海省作协副主席。在《人民文学》《中国作家》《十月》《章恰尔》等汉藏文报刊发表原创、翻译作品,并被《小说选刊》《散文选刊》及各种年度选本选载。出版作品30余部。部分作品被译为英、意、日等文。作品曾获中国少数民族文学创作"骏马奖"、中国汉语文学"女评委"大奖、三毛散文奖等。

春天的脚步正在一步步走向季节的深处。

与好友小秦约好去十世班禅大师故乡走走看看。早晨从西宁出发时，在小区门口的三角花园等小秦开车来接我。一缕清浅的馨香从身后氤氲而来，转身去看，原来是丁香树开花了。粉白的小花缀满了树上每一个枝头，把整棵树的树冠都包容在细碎的小花之中，好像这一棵树就是一株花。看着这一树的花儿，闻着花香，心里便不由愉悦起来。出行之前，遇见花儿，或许，这是一种吉祥的兆头吧。再说，这也是我在这个春天第一次看到盛开的丁香花，就像是我与这个春天的一次密约啊！于是再一次把目光投向这棵花树。

小秦按响汽车喇叭，示意我赶快上车，这才注意到自己竟沉迷于这一树的花儿，没有注意到小秦如约到来，便向小秦做了个抱歉的手势，心里默默向丁香树道别，走向好友的汽车。

我们即刻就出发了。

十世班禅故居坐落在青海循化县，这里是撒拉族的家园，是全国唯一的撒拉族自治县。走在去往循化县街子镇的路上，方才那一树丁香的花影仍然在眼前摇曳，袭人的花香似乎也沾染上了我的衣襟，隐约之中依然有芬芳扑鼻而来，怀想着那棵春天里的丁香树，也想起了塔尔寺的那棵丁香树。

　　塔尔寺的那棵丁香树长在大金瓦殿旁侧一条窄窄的巷道里，每每到了夏天，丁香树繁茂的枝叶遮蔽住了巷道上空的蓝天，在巷道里投下了一大片阴凉。虔诚的藏传佛教信徒们相信，这不是一棵普通的丁香树，而是一棵檀香树，抑或是一棵菩提树——尽管檀香和菩提都是亚热带的植物，在高寒的高原不见其踪影——这样的认知来自一个绮丽的传说。传说中的这棵丁香树并没有开花，而是满树纷繁的绿叶，绿叶苍翠，通透圆润。更为奇特的是细碎的叶脉在每一片叶子上勾勒出了狮子吼佛像的轮廓。这也是塔尔寺藏语名字"衮本"——十万片绿叶上有十万尊佛像的由来。想起这个传说，心里便想，班禅大师幼年在塔尔寺剃度出家，坐床继承了班禅的法脉，虽然身份特殊，却也只是一个修习佛法的小僧，在诵经念佛之余，他也曾孤单地走过这条巷道，看到过这棵丁香树——深春季节的清晨，大经堂里的早课刚刚结束，他走出大经堂，走过大金瓦殿时，看到过在那里匍匐在地磕着长头的香客，也一定见识过大金瓦殿旁侧的巷道里，那一棵丁香树满树白色碎花，扑鼻的花香弥漫飘散的情景，他也一定听说过那个神奇的传说，出于一个幼童的好奇，他还捡拾起飘落在地上的一片树叶，仔细端详树叶上到底有没有狮子吼的佛像……

　　小秦见我上了车就陷入了沉思，便没有打扰，不时用眼角疑惑地看我一眼，表达着他的意外。我意识到了好友对我的提示，急忙放下了心里的胡思乱想，主动与小秦攀谈起来。

　　要去十世纪班禅大师故乡，我和小秦自然聊起了班禅大师的一些过往，就我们有限的了解发现，自从大师被认定为班禅的转世灵童以来，远行奔忙，便成了他一生的写照，为党、为国、为教、为民，他又把奔忙的一生交付给了无我和无私。

十世班禅大师，法名班禅额尔德尼·确吉坚赞，俗名贡布慈丹。1938年2月3日(藏历十六绕迥之土虎年正月初三)生于青海省循化县文都乡一个藏族农民家庭。生父尧西·古公才旦，生母尧西·索朗卓玛。

第九世班禅逝世后，1941年，班禅堪布会议厅按照相关宗教手续，派出由僧俗官员组成的转世灵童寻访团，选定当时3岁的贡布慈丹为第九世班禅的转世灵童，1944年接往青海塔尔寺供养。大师时年6岁，第一次离开父母家乡，也是他的第一次远行，幼小的他并不知道，从此开启了他永远在远行路上的遥遥征程。

此行塔尔寺，路途虽然只有百里之余，但却绵延数年，直至1949年，新中国的曙光即将照耀世界之时，年幼的班禅大师接受了剃度、受戒等仪式，取法名为罗桑赤烈伦珠·确吉坚赞，同年举行坐床典礼，颁发汉、藏文合璧的"西藏班禅行辕堪布会议厅"印鉴。至此，时年11岁的班禅大师正式继承历世班禅的合法地位和职权，成为第十世班禅。

1949年10月1日，中华人民共和国成立。大师立即致电毛泽东主席和朱德总司令，表示拥护中国共产党，拥护人民政府，希望早日解放西藏，愿为完成祖国统一大业贡献力量，并提出"待命返藏"的诉求。毛主席和朱总司令复电勉慰，对他的爱国主义举动予以高度赞扬——后人总结班禅大师一生的丰功伟绩，评说他是秉持着"四爱"的热诚和情怀，努力践行着"爱党、爱国、爱教、爱民"的使命和追求，这份从他的家乡发往北京的电报，则是他"四爱"精神的发端与开始。

1950年，班禅大师派致敬团到北京，向中央人民政府致敬，并向中央提出了一个解决西藏问题的方案和十余项要求，盼望尽早解放西藏。

1951年4月,班禅大师亲自率领班禅堪布会议厅主要官员到北京,表示竭诚拥护中央人民政府的决心,积极推动和支持中央人民政府和西藏地方政府关于和平解放西藏事宜的谈判。5月23日,中央人民政府与西藏地方政府《关于和平解放西藏办法的协议》正式签字。5月24日,他率领班禅堪布会议厅全体官员向毛泽东主席致敬,祝贺《关于和平解放西藏办法的协议》签订。5月28日,班禅堪布会议厅发表声明,热烈拥护和平解放西藏办法的协议,表示"为了西藏民族的彻底解放和发展,为了巩固和发展中国人民的胜利,今后坚决拥护毛主席的领导,拥护中央人民政府和中国共产党的领导,为正确执行全部协议,为西藏民族与中国各民族的团结和西藏民族内部的团结而奋斗"。

北京之行,是班禅大师真正意义上的一次远行,他也从一个懵懂幼童成长为一个知书达理的翩翩少年。他以实际行动表明自己"四爱"情怀的同时,还有一个愿望,那就是返回西藏,回到从自己的前世开始就离开了的札什伦布寺。

1951年年底,班禅大师从北京返回西宁不久,在中央人民政府的关怀帮助下,他的返藏夙愿得以成行,自此,他开始了他的又一次远行,毛泽东主席派时任西北军政委员会副主席的习仲勋同志为代表专程去西宁送行。

这次返藏之行,历时四个多月,且又是青藏高原最为冷寂荒芜的季节,一路上的艰辛自不必说。据有关资料记载,这是一个极为庞大的队伍,随行的蒙古族、藏牧族民,以及汉族民夫等就有一千余人,从青海、甘肃等地租雇的骆驼三千余峰,牦牛七千余头,还有两千六百多匹马匹、四百多头骡子。他们在翻越唐古拉山时遭遇暴风雪,许多骆驼骡马被冻死,损失惨重。

在这山水阻隔、风雪肆意的返藏路上，班禅大师度过了他14岁的生日，长了一岁，他内心的坚韧和执着似乎也因此增长了许多。他就这样义无反顾地走向拉萨，并于次年4月底抵达了他心中的圣地。

这次远行，班禅大师一行是沿着掩映在高山荒野之中的唐蕃古道一直走到拉萨的，也就是这次远行，促成了几年以后青藏公路的修建和开通。

班禅大师到达拉萨，是为了从拉萨前往他的驻锡寺院札什伦布寺，所以，他在拉萨仅仅逗留了一个多月。接着，又一次远行开始了，目的地便是札什伦布寺。

此刻，拉萨已是一片春日景象，高原迟来的温暖让拉萨河谷一片青绿，河畔的拉萨柳，每一支枝丫上都舒展着脆嫩的柳叶。传说，拉萨柳是文成公主远从长安带来的树种栽培而成，却已然是拉萨河谷最有本土特色的一种树木了。历史对季节草木少有记载，但我相信，当他乘着专门为他准备的黄色轿子从布达拉宫门前走过时，一定看到了在布达拉宫红山脚下刚刚绽放开来的波斯菊。他也知道，拉萨藏族把波斯菊叫作"张大人花"。那是因为还在清朝时，清廷光绪皇帝指派张荫棠来西藏担任钦差大臣，这位在拉萨历任钦差大臣中唯一的汉族官员刚正不阿，雷厉风行查办藏事、规划西藏新政，他的做法得到了当地藏族的认可和欢迎。这位爱花的官员把这种花儿带到了拉萨，广为种植，一时成为春夏季节拉萨街头最为靓丽的花朵。那一日，班禅大师从轿子门帘的缝隙里向着那些灼灼盛开的花儿凝视一眼，一片浓艳的色彩在他的眼睛中逗留片刻，随即便随着轿子的前行而移出了他的视线。他转身看着逐渐消失的花影，眼睛里有了一缕恋恋不舍的神色。

然而，尽快回到札什伦布寺的意愿却催促着他，他不敢迷恋寒冬过后这绝妙的春色,就在抵达拉萨后的当年6月初,班禅大师离开拉萨,去了札什伦布寺。

到了札什伦布寺,班禅大师受到了当地僧俗群众的热烈欢迎。许多群众见到班禅大师,禁不住都喜极而泣,眼含着泪水,把一条条哈达抛向了班禅大师的乘轿。十世班禅的到来,依照藏传佛教轮回转世的理论,等于是前世活佛又回来了,这座寺院的主人又回来了。寺院为班禅大师举行了盛大的坐床仪式。

少年班禅也有一种回归到自己真正居所的踏实感。自此,他便在这里常驻下来,他的生活起居,也回到了他幼年在塔尔寺时曾经经历过的那样:诵经、修习,简单的餐饮,黎明在晨钟中开始的早课,黄昏在暮鼓里结束的晚读……

他在这里迎来了万物生长的夏季。

在执着于青灯黄卷的闲余,他也时常要去寺院周边走走,看到了许多许多的花儿:那些生长在向阳背风的墙脚石缝里的黄苞南星,藏语叫强秋梅朵,意思是菩提花;种植在僧舍院落里的梅竹香,藏语叫卓玛梅朵,意思是度母花;还有一朵花儿有着三种颜色的三色堇,藏语叫日松贡布,意思是三怙主花……这些花儿都有着神灵的名字。看着这些花儿,班禅大师默默在心里诵念起供奉祈祷文,用他的意念把这些花儿献给了这些花儿名字里的那些神灵们。

然而,他的远行却没有因为他到了札什伦布寺而结束,他似乎开始了更为繁忙的远行。西藏——北京,在那一段时间里,这两点一线的繁复奔走,几乎成了他的一种特殊经历。

1954年9月3日,班禅大师再一次来到首都北京,中央人民政府副主席朱德、政务院总理周恩来亲莅车站欢迎。11日,毛泽东主席亲切接见了班禅大师,他勉励班禅大师,要共同努力,把西藏的事情办好,把全国的事情办好。这样,西藏人民就会感到高兴,全国各族人民也会感到高兴。

班禅大师每每回忆起那次会见,心情依然十分激动。也就是那次会见,让他暗下决心:坚持不懈,全心全意为祖国、为西藏人民多做有益的事情。

15日,中华人民共和国第一届全国人民代表大会第一次会议在北京召开,班禅大师做了大会发言:"……回到祖国大家庭的西藏人民,日益热爱我们伟大的祖国和坚信中央人民政府的领导,深愿祖国日益强大和巩固。我们深深地知道:强大繁荣的祖国,一定会给西藏人民带来无限光明和幸福。我们将永远团结在中国共产党和毛主席的周围,为彻底实现和平解放西藏办法的协议,遵守人民的宪法,建设繁荣幸福的新西藏而奋斗到底。"

9月27日,大会选举国家领导人。班禅额尔德尼·确吉坚赞当选为全国人民代表大会常务委员会委员。几天后的10月1日,班禅大师身着盛装,满面红光,登上天安门城楼,参加了新中国五周年诞辰的国庆庆祝活动。

12月21日,班禅大师出席了全国政协第二届一次会议,被选为全国政协副主席,成为我国最年轻的国家领导人,那年他刚满16岁。此后他亲自参与了西藏自治区的筹备和成立等一系列国家重大工作。

国家领导人的身份,让他的生活与工作重心从札什伦布寺转移到了北京,日常工作更加繁忙了。也就是在这段时间里,班禅大师与老一辈无产阶级革命家来往密切,共商国是,结下了深厚的友情。毛泽东主席、周恩来总理、朱德委员长、邓小平副主席、习仲勋副委员长、陈毅元帅、贺龙元帅……他们是党和国家领导人,也是班禅大师最为敬佩和信任的朋友,班禅大师的"四爱"情怀也得到了他们的赞许和肯定。

党的十一届三中全会后,在全国政协五届二次会议上,他当选为政协全国委员会副主席。1980年,当选为全国人大常委会副委员长。

1987年9月,西藏少数民族分裂分子连续几次在拉萨制造骚乱,班禅大师多次发表讲话,严厉谴责分裂分子的倒行逆施,并利用自己的特殊身份,对西藏人民及宗教界人士进行爱国、爱教教育。

1987年9月1日,在班禅大师的倡导主持下,中国藏语系高级佛学院在京成立。该院目标是培养政治上爱国、宗教上有较高造诣的佛学知识分子。班禅大师亲任院长。

班禅大师一直没有停息远行,并且越走越远。作为国家领导人,他还先后访问了印度、尼泊尔、巴西、澳大利亚、玻利维亚等国,所到之处,留下了他吉祥的问候和祝福,架起了如虹的友谊桥梁。

1989年1月9日,班禅大师离京赴藏主持五至九世班禅合葬灵塔祀殿落成开光典礼。由于连日劳累,致使心脏病发作,经多方抢救无效,于1月28日8点35分在日喀则扎什伦布寺圆寂,终年51岁。也许,这次远行是一次回归。

……

与小秦闲散地聊着班禅大师一生的过往,我们的汽车在高速公路上急速行驶着,转眼间就过了化隆地界,进入了循化县。也许是沉迷于闲谈,竟然错过了去往循化县城的出口,只好沿着高速公路径直往前,到了黄南州尖扎县,这才掉头返回,到达循化县街子镇时,比预计的时间晚了半个小时。或许这是对我的一种提示吧——行走遭遇曲折和错误在所难免。

地处黄河岸畔的街子镇,得遇了黄河的浇灌与宠爱,使得这座小镇一如娇美的撒拉族艳姑,出落得落落大方又妩媚动人。所谓"天地絪缊，万物化醇"，这里的花草树木，似乎也因得天独厚的温润气候，在外来的游人面前有了几分得意和炫耀。比如在省城西宁难得一见的玉兰树，在这里却沿街栽植，一朵朵玉兰花高高地悬挂在树冠上，洁白素雅，就像是一只只白玉质地的八宝盖碗茶盏，晶莹，通透，恰如是好客的撒拉族人家，迎请贵宾之前，先是备好了洁净上好的茶饮器皿。

看着满树的玉兰花，心里忽然想，在首都北京，玉兰树也是一种城市绿化植物，走在街上，随处可见。每每到了春季，玉兰花开，在高楼大厦林立、人群车流涌动的街巷，总会有清淡的玉兰花香弥漫而来，给喧嚣的城市增添了一份让人获得片刻安宁的慰藉。班禅大师后来久居北京，每每看到这些玉兰花，他会不会想起自己的家乡呢。

晓炫已经在一家撒拉族风情的饭馆里焦急地等着我们。

晓炫是撒拉族新生代年轻的诗人，如今在当地宣传部门任职，当他得知我想去班禅大师的故居看看时，高兴地说："大师故居在循化，是我们循化最最值得炫耀的一件事儿啊！"

大师的故居在循化县文都乡。吃过简便的午餐，晓炫便与文都乡的藏族干部杨杰联系，为我和小秦安排好了参观大师故居的事儿，并为自己因为单位有事，不能陪着我们去表达了歉意。当他把我们送出饭馆时，从大街的音像店里传来了一首有着浓郁撒拉族风味的歌儿：

> 远方的朋友到，
> 我家来做客，
> 热情好客循化人，
> 让我留恋他……

晓炫便对我说:"这首歌叫《尕撒拉》,唱这首歌的歌手却是藏族。"

走在去往班禅大师故居的路上,我心里想,班禅大师一生倡导民族团结,共同进步,如果他来到自己的家乡,能听到这首由藏族歌手演唱的撒拉族歌曲,一定会感到欣慰……

文都乡距离循化县城只有20多公里,不大一会儿我们已经到了班禅大师故居门口,杨杰早已在这里等着我们了。

大师故居坐落在一片初春的青绿之中,从外观上看,是青海农耕地区常见的农家庄廓的布局,整个庄廓呈"品"字形。南北各有一道大门,东西并列两院,北侧的旧居是家人住宅,建筑面积1亩有余,据说共有47间房。南院为正院,始建于1980年,1983年落成,占地约3亩。这座四合院分上下两层,共73间房。文都乡政府干部杨杰带着我们参观了大师故居。

在故居门口,是一棵高大的杨树。这棵杨树已是百年古树,它的身影曾经出现在寻访班禅大师转世灵童的传奇故事中,而现实中的杨树则沐浴在今日的春风之中,看不出它曾经经历过的狂风暴雨和寒冷酷暑。

杨杰带着我和小秦走入北侧老院,与百年杨树一样,这座四合老院也已经有百年历史了。河湟地区农家常见的格状窗棂,几经擦磨显得古朴陈旧的木地板,一种历史苍茫的气息扑面而来。引人注目的是,旧宅厨房中,一根被各色哈达包裹住了的木头柱子,这里是大师诞生的地方,前来瞻仰大师故居的人们为了表达对大师的敬重之情,便把一条条哈达系在柱子上,久而久之,便成了如今的样子。杨杰介绍说,班禅大师每次回乡,也会把一条哈达系在柱子上,那是他在向自己的母亲表达敬重之情。

走出老院,我们又在杨杰的引领下来到了南院。这里有大师平时诵经念佛的佛堂，佛堂门首的匾额上写着"河源须弥"四个大字，浓缩精炼地点出了大师的生地和他高洁的宗教地位，也是对他一生功绩的高度评价。如今，这座相对宽阔的院落，成了一处展览馆，以简略的图片和文字，介绍了班禅大师辉煌的一生。这里是全国重点文物保护单位，也是省上命名的爱国主义教育基地。这些简略的图文大致勾勒出了班禅大师一生的形象：班禅大师作为藏传佛教的杰出领袖，他热爱自己信仰的宗教；作为藏民族的优秀代表，他热爱自己的民族；作为伟大的爱国主义者，他热爱祖国；作为党的忠诚朋友，他热爱中国共产党。把爱教、爱民族和爱国、爱党完美地统一起来，这正是班禅大师一生的写照。

走出班禅大师的故居，我问杨杰："大师自从离开家乡后，总共回过几次家乡？"

"三次！"杨杰回答说。

听了杨杰的回答，我和小秦都有些惊讶，大师一生远行，对家乡的热爱又是那么深沉，但他却没有时间回到家乡多走走看看。阔别家乡20多年，他却只来过三次！

当我表达出我的惊讶时，杨杰告诉我："班禅大师虽然来青海回家乡只有三次，但这短短的三次回乡，却留下了太多对家乡、对民族的爱，留下了对党对国家的无限深情。"杨杰说着，按着指头说起了班禅大师回乡后所做的一些事情：为塔尔寺、隆务寺等落实宗教信仰政策；视察海南州、海北州等地的医院、学校、图书馆等，关心当地文化医疗事业的发展；向僧俗群众宣讲党的民族宗教政策和民族团结的重大意义；严正指责"拉萨少数分裂分子破坏安定团结制造骚乱是不得人心的"；调节各地草山争执问题……

踏上回程之路，我和小秦都没有说话。小秦打开车内音响，一首藏族扎木念弹唱的歌曲便响了起来：

> 阿嘞——
> 圣洁的花儿，
> 开在了圣洁的山上，
> 我的心儿，
> 比那花儿还圣洁……

听着歌儿，我想起了今早从西宁出发时，那一树素洁的丁香，想起了循化街子镇街道上的白玉兰，忽然觉得，班禅大师就像一朵盛开在圣洁雪山上的圣洁花儿，他圣洁的心，比那花儿还圣洁。

一片丹心双树红
——记青海省第一个农村党支部

文／王十梅

王十梅

青海互助人,青海日报记者、编辑,省作家协会会员。

双树村确有两棵树，它因此而得名。

村里的耆老们捋着胡须说："那两棵是榆树，年头胡都儿（特别）长，据说它们是明朝万历年间时栽下的。最奘（粗）的时候，要三四个人才能抱住。"

村里的年轻人没有见过那两棵粗壮的榆树，老人们说，那两棵榆树在一个饥馑之年，被剥了树皮，死了。

村里大多数人见过的树是两棵可合抱的杨树。春末夏初，杨树花掉满一地，成了孩子们手里的"毛毛虫"，清风拂过，杨絮飘散于整个村庄。

双树村前村后都有山，西山大墩岭上的烽燧，诉说着这座村落鲜为人知的历史。西山脚下，有片芦苇荡，村民习惯称它为微山湖，这个名字雅致中似乎深藏着一些故事。每每听到，脑海中总会不自然地响起那首《弹起我心爱的土琵琶》：西边的太阳快要落山了，微山湖上静悄悄……东山脚下，沙塘川河默默流淌。

如果没有那段红色的历史，人们提到双树村，可能会聊说那两棵年头很长的榆树，可能会说那里有3000多年前的卡约文化或者汉代六指儿崖头遗址，还有可能谈苗木基地……因为有了那段红色历史，人们更愿意说:"双树哇,那扎(那里)是我们青海的第一个农村党支部啊!"语气坚定而自豪,塘川河谷中人都与有荣焉。

关于为何、如何在双树建立青海第一个农村党支部的往事,很多双树村民都了如指掌。在南墙根、阳洼儿处,几个人围坐一起,往事便如画卷般展现在眼前。在他们的回忆里,故事便这样开头了:"那时候,我们庄庄里来了几个人,然后……"

他们口中的那时候,是1949年。来的几个人是刘元祥、郝风洲和常茂清等。

1949年9月5日,中国人民解放军以摧枯拉朽之势解放了西宁。9月12日,互助县也获得了解放,并成立了中共互助县委和县人民政府。

新生的人民政府面临很多困难,例如,敌人残余势力的反扑、基层党组织的建立和党员的培养,以及粮食问题。

1949年10月,正是沙塘川流域秋收的好时节。一支以刘元祥为队长的征粮工作队进驻了双树村,准备在开展征粮建政工作的同时,培养几名入党积极分子,组成党支部。

双树村,是当地一个大村落,胡姓和袁姓是村里的大姓。双树村是西宁至互助的重要驿站,这里地处川水,土壤肥沃,民风淳朴,因此双树村成了征粮工作队的第一站。在村中了解许久后,刘元祥、郝风洲和常茂清等人发现,双树村内有几位年轻人的思想觉悟很高,都是贫苦人家出生的他们,对党的建政等工作都积极拥护响应。

这几位年轻人分别是胡成海、胡明伟、袁中寿、袁生荣和李录邦。后来,他们都成了双树村,乃至互助县最早的农民党员。

胡成海是双树村第一任党支部书记。他出生于一个贫苦的农民家庭,自小颠沛流离,和父母一起给大户人家帮过耕,打过工,做过伙计。1944年,他还被马匪政权抓为壮丁。在营地被迫训练的时候,有教官哄骗他,共产党是不可能取得胜利的。那是胡成海第一次听到"共产党"三个字,彼时,他并不知道共产党代表着什么。他只知道,共产党是与反动政权为敌的。三个月后,胡成海回到了家,开始学习木匠手艺。

胡成海的父亲胡明珠是一位小生意人,靠倒贩货物为生。1945年8月的一天,胡明珠用木质背夹背着50斤青稞酒打算到西宁沿街贩卖。途经沙塘川三其村时,酒在哨卡被没收。

50斤酒的收入对于一个贫苦家庭来说,实在不菲。胡明珠苦苦哀求,希望他们将酒还给自己,可是对方却无动于衷。正当胡明珠绝望之时,有位军人的妻子,力劝军人将酒还给了胡明珠。后来胡明珠才知道,那位女子姓曾,曾是中国工农红军西路军的一名战士,因为西路军战败被俘,被迫成为军人的妻子。她自己的境况就很艰难,却依然关心和帮助劳苦大众。胡成海听了父亲的讲述后,对工农红军、中国共产党的认识更深了,他知道共产党是一群哪怕自己受苦也愿意为人民出头的人。

这样的认知,让胡成海对中国共产党心存好感和感佩。当征粮工作队进驻双树村后,胡成海便组织几位好友,积极主动帮助和拥护他们的工作。胡成海等人积极主动的态度,让刘元祥、郝风洲和常茂清看到了闪烁在双树这个古村落的星星之火。

就这样,五位意气风发的青年,在中国共产党的号召下,走上了光荣的革命道路,也开始了他们艰苦的革命工作。双树这片红色土壤上,一朵朵红花綦然开放。

"入党你害怕不害怕?"

"害怕了就不会站在这里,我不害怕!"

1949年10月的一天，刘元祥、郝风洲和常茂清发展胡成海等人为入党对象时曾这样对话。他们的语气里满是坚定和无悔。

那是一次简单而秘密的入党仪式，双树村五名入党积极分子庄严地写下了他们的入党申请书，因为对共产主义的共同信仰，对革命事业的赤诚追求，让五位双树村的党员庄严地成立了党的基层组织。

胡成海老人健在时，时常拄着拐棍，穿行在村庄的巷道里。他身形高大，面容慈善。阳光晴好时，总喜欢坐在庄廓院外的阳洼里，或沉思，或给后人讲述遥远的往事。他身后的庄廓，与其他河湟人家的庄廓一样，土墙方院，房屋花园，盛满一个家族的记忆。他身后的庄廓，又与其他河湟人家的庄廓不一样，那是因为就在他家的房顶上，青海农村第一个党支部建立了。

如今，那面见证历史的房屋，早已坍塌。但从现存的旧照片中，依然可见当时的场景：平坦的黄土房顶上，用来抵御土匪的女儿墙高耸。一把木质梯子搭在房檐上，几名党员围坐一圈，秘密召开着会议。在照片之外，胡成海的母亲正站在大门口悄悄放哨。

胡成海在回忆录中这样描写当时的情况：党支部成立后，为了应对当时的复杂形势，我们几个党员会定期或不定期地秘密召开党支部会议。会议地点一般在我家房顶上，有时也在胡家家庙前的"香粮地"。开会时，我们几个党员会围坐一圈，以闲聊的方式安排部署工作。

胡成海老人回忆，不管是入党仪式还是召开会议，他们都是秘密进行的。因为新政权刚刚建立，旧势力尚未肃清，斗争十分尖锐复杂，马匪残部对共产党员的迫害还时有发生。

当时，土匪猖獗，他们十分害怕老百姓跟着共产党走，便疯狂叫嚣着："宁杀十个二转子，不杀一个解放军。"二转子是敌人对村干部和协助政府工作的积极分子的称呼。

后来，有人问胡成海他们，难道当时就不怕被敌人杀害吗？他们的回答铿锵有力："我们不惧怕这些！"

那时，新生的党支部在秘密工作的同时，还要防止敌人搞破坏。

1950年3月，代号黄武部的中国人民解放军某部近30名战士来到了双树村。他们的目的有二，一是以双树村这片红色摇篮为基地，震慑互助县西部山区的土匪；二是开荒种菜搞养殖，建立解放军的后勤菜肉供应地。

3月，正是春耕好时节。有一天，正当大家准备种植大白菜、胡萝卜、蔓菁、葱等蔬菜时，一声枪响划破了沙塘川河的宁静。有十多名手持枪械，气势汹汹的土匪从邻村向黄武部菜肉基地袭来。执勤的解放军发现异常后，立刻鸣枪示警。

当时，正在村里执勤的胡成海、胡明伟、袁中寿、袁生荣和李录邦五人听见枪声后，立马持土枪提大刀，赶往黄武部增援，从侧翼协助解放军，合力击退了土匪。

也是那一年7月，胡成海作为双树村民兵队长，参加了剿匪战斗。枪林弹雨中，胡成海冲锋陷阵，无所畏惧。因为他的心中始终有一个信念："为了人民安定的生活，一定要消灭土匪，即便死，我也要为人民而死。"最终，在军民齐心下，马匪残部终于土崩瓦解。

平定匪患后，形势逐渐趋于安定。胡成海、胡明伟等五人的共产党员身份才得以公开。

从建立之初，双树村党支部宛如一颗种子，扎根在乡土山村，以燎原之势带动了附近基层党组织的建立。到了1952年，互助县共建立党支部23个，党员总数达到225名。

当局趋于安定时，百废待兴的双树最需要的是发展。双树迎来了它的高光时刻。双树以一种前所未有的姿态，迈开了发展的步伐。

1952年，袁中寿成为青海省唯一一位中国农民赴苏联参观考察人员，并编写了《我从苏联回来》一书，为推进青海省农业合作化进程，试点高级合作社做出了积极贡献。

1954年，胡明伟带领60名农户，组建了全县第一个初级社，在合理利用土地、推广先进技术方面成效显著。

1956年，村上组织了全县农村第一个由30辆大板车组成的运输队，专门给县供销社运送急需物资。

1962年，在党支部努力下，组建了双树村苗圃，成为当时青海最大的青杨育苗基地。

1966年，双树村有了互助土族自治县上第一个有组织的集体副业队，既为集体和个人增加了收入，又开阔了眼界，为全村的劳务经济发展打下了思想和物质基础。

1969年，双树大队党支部建起了全公社第一家大队集体企业——双树大队砖瓦厂，为集体经济增添了活力。

1981年，双树建成了西北地区最大的国家"八眉猪"种质资源定点保种单位——"互助八眉猪"保种场。

20世纪80年代，双树村最先成立了全省最大的百名农民运输队。机敏的双树人用自行车将农产品源源不断地输送到了西宁。

……

一个个第一，是双树人的骄傲，是双树人吃苦耐劳、自强不息的成果，也是红色文化村的自豪。它就像一面旗帜，引领着周边村庄不断前行。

岁月流转，时序变迁。发展中的双树未曾停下自己的脚步。

如今，时间的流逝，让往事变得模糊。老人们的逝去，也让曾经的惊心动魄变成了历史。但是他们的名字依然被时代所铭记：第一位村党支部书记胡成海、走出国门的袁中寿、全国劳模胡明伟……他们艰苦卓绝的精神也在双树得以传承。"奋勇争先，永不停步"的红色双树精神，犹如一盏指路明灯，引领着双树人探索前行。

春日的午后，悠然漫步于双树。宽阔的广场上，双树村党支部纪念馆高大巍峨，传颂着那些久远的红色往事，激励着后来之人。村巷里，土坯房几乎已成绝响，到处都是砖房或小楼。土路不见了，水泥硬化路通往家家户户。学校建成了楼房，琅琅的读书声在学校回荡。马路边，日用百货、饭馆、菜铺应有尽有……以前落后而又贫苦的双树已成历史。

源浚者流长，根深者叶茂。曾经，双树村是青海农村发展的一面旗，在艰苦岁月指引人们的方向。曾经，双树村是塘川河谷里的一星火，最终以燎原之势，染红了那片葱茏之谷。曾经，双树五名党员用自己的无私和奉献塑写了一个村庄的传奇，宛如寒风中兀立的参天大树……

如今，双树村的两棵树枝繁叶茂、冠盖华庭。它们是历史的，静默地固守着那段红色的往事；它们是现在的，见证着双树村的荣光与发展；它们亦是未来的，在云卷云舒中，守望这片红色热土的宏伟蓝图。

双树村有两棵树，两棵杨树。春风过，树影婆娑、杨絮纷飞……

大写的尕布龙

文／王贵如

王贵如

陕西富平人，1968年毕业于兰州大学中文系。中国作家协会会员，中国电视艺术家协会会员。先后供职于青海省海西蒙古族藏族自治州州委宣传部、海西州委、青海省文联、青海省广播电视局。著有散文随笔、电视解说词等作品多部。

5月，正是高原上冰雪消融、万物苏醒的季节。虽然步履维艰，嫩绿的草芽还是挣扎着破土而出。道路两旁一派绿茵，小小的鹅黄色连翘一朵朵一簇簇地竞相开放，杨树、柳树的枝头也泛出了朦胧的绿色。

我乘坐的汽车，正行驶在通往海北藏族自治州海晏县三角城镇的315国道上。去海晏县三角城镇的一个重要目的，就是想瞻仰时代楷模纪念馆。

2016年1月3日，中宣部在中央电视台向全社会公开发布了尕布龙同志的先进事迹，并决定授予他"时代楷模"的荣誉称号。

时代楷模纪念馆就是为纪念尕布龙同志而修建的，位于三角城镇湟水大街，2017年落成。

尕布龙是海晏县的骄傲。时代楷模纪念馆建在离尕布龙家乡哈勒景不远的地方，又为他的父老乡亲平添了几分自豪，几分荣耀。

进入纪念馆，我向矗立在大厅正中的尕布龙雕像深深地鞠了一躬，并献上由红、黄两色花朵组成的一个花束。

在纪念馆一楼大厅两侧的展墙上，我看到了央视"时代楷模"栏目组对尕布龙的赞词和中宣部授予尕布龙"时代楷模"的表彰决定：

"尕布龙是青海省原副省长、省人大常委会原副主任。他始终坚定正确的理想信念，手握重权不谋私利，身居高位心系百姓，兢兢业业谋发展惠民生，退休后仍带领干部群众绿化荒山，为促进当地经济社会发展和生态环境改善做出突出贡献，赢得了广大人民群众的衷心爱戴。"

纪念馆的展厅分为"追梦赤子心""拳拳公仆情""余生化青山""正气参天地"四个部分。在讲解员的引导下，我将这四个板块中陈列的文字、图片、实物和播放的视频仔细看了一遍。越看越觉得，尕布龙同志的确是一个无愧于"时代楷模"光荣称号的优秀领导干部，是一个纯粹的人，一个大写的人。

一

说起来，我对尕布龙并不陌生。早在20世纪七八十年代，与我一起做过采访的新华社青海分社记者黄昌禄老师，就给我讲过许多有关尕布龙的故事。在纪念馆的参观，又一次激活了我的记忆。那些存储于脑海中的尕布龙的故事，瞬间清晰而又鲜活地呈现于我的眼前。

故事之一：20世纪60年代，尕布龙同志在河南蒙古族自治县担任县委书记。他觉得草原牧民特别辛苦，一年365天，不管刮风下雨，不论烈日严寒，天天都要出去放牧，逢年过节也很难同家人团聚。为了让牧民有个休息的机会，从1965年起，每年一到春节，尕布龙就带领一些机关干部来草原上帮助牧民放牧。在他担任省畜牧局局长和省革委会副主任以后，仍然坚持这样做。

故事之二：同样也是发生在尕布龙担任河南蒙古族自治县县委书记的时候。一天，尕布龙骑马来到宁木特公社维拉大队的东吾沟牧场。眼前绿茵茵的草地上散布着20多顶帐篷。尕布龙跳下马来,弓着腰走进一顶狭小而又破旧的帐篷。经详细询问,得知这一家有兄妹两人,哥哥名叫华叶,双腿瘫痪,丧失了劳动能力,家里生活比较困难,无力购买新帐篷。第二天,尕布龙就把公社、大队、生产队的干部召集起来,在这顶帐篷跟前开了一个现场会。尕布龙语气沉重地说:"新中国成立十多年了,还有牧民住这么破旧的帐篷,让我这个县委书记深感惭愧。我没有尽到自己的责任,我对不起党对不起人民……"说到这里,尕布龙的眼泪夺眶而出,在场的干部听了,无不为之动容。散会以后,他们立即采取措施,很快帮助华叶家制作了一顶宽敞的帐篷。

不久,县委召开四级干部会议。尕布龙又让人把华叶家那顶旧帐篷送到县委大院,让干部们都去参观。他要求大家将全县三千多户牧民的居住情况都认真检查一遍,帮助像华叶这样的贫困户解决困难。各级领导由此认识到了关心群众生活的重要性,痛下决心,雷厉风行,在短短两三年内,就把过去牧民住的下雨漏、冬天冷的牛毛帐篷换成了暖和结实的蒙古包。

穿越50年历史的风烟,我们依然能从这样一些事件中,感受到尕布龙同人民群众那种休戚与共的深厚感情,那种水乳交融、无法分割的关系,感受到他对牧民群众的那一颗拳拳赤子之心。

尕布龙当年的有些做法,比如让机关干部替代牧民放牧等,现在的人们未必都能认同,但即便这样,他们恐怕也很难否认尕布龙设身处地为群众着想的一片热诚。这种热诚,从河南蒙旗草原延伸到了省会西宁,从尕布龙风华正茂的青壮年时期延伸到了他的垂暮之年。20世纪70年代初,很多牧民到西宁办事、看病,因人地两生,又不通晓汉语,遇到的困难往往很多。已经来省上工作(先后担任青海省畜牧局局长，省委常委、省革委会副主任，副省长）的尕布龙了解到这些情况以后，就主动接纳八方来客。他将自己只有80平方米的房子用土坯隔成五间半，半间用作自己的卧室，其余五间搭了11张床，用于接待从牧区来西宁看病、办事的农牧民。为此，人们称他的家为牧民店。牧民店接待的农牧民，每天少则七八个，多则几十个。客人住的时间少则两三天，多则半年、一年。为了方便客人熬药、做饭，尕布龙在家里专门安了两个炉子，又自掏腰包买了煤、面粉和牧民爱喝的茯茶。

二

"权力来自百姓，只能服务于百姓，而不能以权谋私。"尕布龙如是说。人们也许很难相信，尕布龙是省长，他的老伴却始终是牧区户口，他的女儿也一直在家乡放羊。他不让家人、亲戚、朋友"沾光"，却千方百计地为牧民提供方便。他在生活上极其节俭，这是因为，他的大部分工资都用于垫付医药费、帮助困难牧民了。他虽然身居高位，却没有半点权力带来的戾气和油腻，没有半点高高在上的优越感，总是质朴、谦和，处处以普通劳动者的姿态出现。20世纪七八十年代，我多次在他主持召开的会议上看到，每当吃饭的时候，他就帮着宾馆的服务员端菜送饭，收拾碗筷桌凳，忙得不亦乐乎。而正是他的这种平易近人，这种普通，这种"当官不像官"，越发显示出尕布龙超拔的境界、高尚的人格和强烈的公仆意识。

尕布龙的心始终是与人民群众相通的，平常的日子是相通的，关键时刻更是相通的。1985年10月，一场猝不及防的特大雪灾袭击了唐古拉山和青南地区。千里草原被齐膝深乃至齐腰深的大雪覆盖，交通、通讯中断，气温骤然降至零下37摄氏度与零下40摄氏度之间。格尔木市的唐古拉山乡和玉树、果洛两个藏族自治州的三四个县、十多个乡受灾最为严重。300多万头牲畜在极度寒冷和找不到一根草的茫茫雪原上匍匐、挣扎、死亡。饿极了的牲畜，疯狂地啃噬着同伴的皮毛，甚至争食同类的尸体。连藏羚羊、藏野驴、野牦牛等野生动物也都成群结队地拥到109国道两侧，向行人投去惊恐的、绝望的、哀哀乞怜的目光。楚玛尔河边冻死的藏羚羊，冰雕一般矗立在皑皑白雪之中。当时的抗灾指挥部完全可以设在条件相对好一点的格尔木，但尕布龙不同意，他坚持要到灾情最重的地方去，说这样才能靠前指挥，大家只好跟着他西进，把指挥部设在了海拔4500米的五道梁。

作为那次抗震救灾的总指挥，尕布龙头戴一顶皮帽，身穿一件军大衣，带领干部职工夜以继日地疏通乡间道路，分配飞机空投的救灾物资，组织灾民向山下的西大滩等安全地带转移。在缺氧、寒冷、紫外线辐射严重、日光反射强烈的雪原旷野上连续多日的奔波，使得尕布龙的声音嘶哑了，眼里布满了血丝，加上感冒，流鼻血，他不得不在房间里一边输液吸氧，一边指挥战斗。大家都劝他回格尔木休息几天，他说：那怎么行！这是什么时候，许多牧民没烧的、没吃的，一些人到现在还不知去向，我回到招待所，怎么能睡得安生？

那一年，尕布龙已经59岁，并且患有肺气肿等多种疾病，但他把个人的困难、安危一概置之度外，始终坚守在海拔5000米左右的五道梁、沱沱河等抗灾前沿阵地。我那时担任海西蒙古族藏族自治州州委副书记，在山上只是带有慰问性质地待了几天，便有胸闷、气短、头昏等身体不适之感。年龄小尕布龙20岁的我于惭愧之余，不能不对尕布龙油然而生敬意。正是那一年的抗震救灾，加剧了尕布龙同志的病情，以后稍有感冒，他的肺就会出问题。

三

1989年，青海省委、省政府做出了绿化西宁南北山，改善西宁生态环境的重要决策。西宁南北山绿化就此启动。同年3月，绿化指挥部成立，尕布龙兼任顾问。1992年，从省人大常委会副主任位置上退下来的尕布龙，本应告老还乡，颐养天年，可他却不甘清闲，主动要求担任南北山绿化指挥部的常务副总指挥。

南北山绿化工作开始以后，就采取了由西宁地区各部门、各单位划片承包的做法。青海省广播电视厅（后更名为"青海省广播电视局"）和青海省委党校、青海日报社、青海省新闻出版局、青海省社科院等单位同属泮子山绿化片。我有幸担任了泮子山绿化片的片长。如果不是担任片长，不是亲身经历，我将很难想象，西宁的南北山绿化会有多么困难。这里海拔近2800多米，岩石裸露，多少年都是光秃秃一片。要在这样的光山秃岭上植树造林，谈何容易！可尕布龙偏偏不信这个邪。他经常挂在嘴边的一句话就是："事在人为，我不信这南北山就绿不起来！"

按照人们通常的理解，总指挥一类头衔，不过是挂个名儿，听听汇报，作作指示罢了。尕布龙不是这样。在绿化工作之初，他既是总指挥，又是民工，甚至比民工还民工。每天天还没亮，他便早早来到山上挖树坑、抬树苗，等民工们到齐时，他已经抢着铁锹干了快两个小时了。北山上的土硬得像铁，铁锹挖不动，得用钢钎打。一天干下来，常常汗流浃背，疲累不堪。四年苦战，终于有了收获。尕布龙带领民工，在许多人认定不宜植树的大寺沟栽下了1000亩树苗，成活率达到80%。在他们的示范和感召之下，原先对南北山绿化压根儿不抱希望的人顿生希望，越来越多的机关事业单位、社会组织和群众团体，参与到了南北山绿化的行列之中。

从事南北山绿化工作的人都知道,尕布龙一年四季住在山上。他几乎天天都在南北山的沟沟梁梁上奔波,头戴一顶草帽,脚蹬一双解放鞋,身穿一件式样老旧、留着岁月沧桑的中山装。春季,他带领民工植树造林,夏季看防护,秋冬季节看防火。天干火燎的日子,他看林地浇没浇水;下雨了,他又去看这里那里的防洪设施管不管用。早晨,他迎着东方的晨曦出门。晚上,拖着一身的疲困,回到指挥部办公室那一间简陋的小屋。每天的早饭,差不多都是干馍馍就茶水,有时甚至连干馍馍也吃不上。在我担任片长的十年间,尕布龙来我们片区不下四五次。南北山有一百多个单位的绿化区,他和指挥部的同志一一巡查,一一指导。通常,一天要走几十公里路,又都是爬坡过坎、七弯八拐的山路。

记忆非常深刻的是,有一次,我陪尕布龙去查看片区其他单位的绿化区。汽车在山间公路上驰行,我坐在前排的副驾驶位置,他坐在后排。刚上车时,他还跟我们说着话,不一会儿工夫,就听不到他的声音了。我回头一看,尕布龙倚在身后的靠垫上睡着了,睡得很香。同在车上的绿化指挥部办公室的同志说:"省长太累了,这两天他又感冒,但他还是要出来,谁也拦不住。年龄不饶人啊!好几次,他在山上走着,脚下一趔趄,就摔倒了,差点滚下山坡……"

来来回回的奔波、查看,使尕布龙成为南北山各个绿化区的"活地图"。哪里有坑有洼,哪里有泵站、水渠或蓄水池,哪里有瞭望台,哪里的幼苗长得欢实,哪里的地质状况不好,他都一清二楚。即使对于我们片区的情况,他了解和熟悉的程度,也常常不比我这个片长差。譬如说,他会对着我们护林房附近的一棵杨树,像父亲面对自己熟稔的孩子那样,惊喜地说:"啊,长这么高了!"他也会在开会时猛乍乍地问一句，管道修好了吗？弄得我一时茫然，不知该如何作答。回到单位一问，才知道我们片区的一段管道，前些日子确实出过故障。

多年的学习和钻研，也使尕布龙成了近乎专家的林业通。他会给你如数家珍地讲述适合在南北山种植的灌木和乔木，讲述以灌养土、以水定林的原则是怎样形成的……他也会指着一棵树的幼苗肯定地说，这是3年生或4年生的幼苗，问他何以知道，他答道："这树每长一岁，就会在有节的地方分出一些杈子，你数一数它的节，就知道它的年龄了。"

2002年，尕布龙从专职副总指挥的位置上退下来以后，依然坚持上山植树，这一干又是将近十年。十年间，他为南北山绿化倾尽心力，却没有拿过一分钱的报酬。这等思想境界，除了诸葛亮说的"鞠躬尽瘁，死而后已"，我想不出还有什么更为确切的表达。

四

由于在生态建设方面的贡献突出，尕布龙于2001年获得首届中国"母亲河奖"，2005年被评为感动青海的"十大人物"之一。

我觉得很幸运，能与尕布龙有如此近距离的接触。仅凭这有限的几次接触，就使我从他身上感受到许许多多高尚品德。这些品德在我心中引起的波澜和感动是难以用语言表述的。

尕布龙是一个心里有群众也有山水的领导干部。他追求的不是权力，不是财富，而是比权力和财富更重要、更有价值的东西。

我相信，在出任南北山绿化指挥部常务副总指挥的时候，尕布龙的心灵深处一定有一个梦，一个关于南北山绿树成荫、鸟语花香的梦。如今的南北山果然耸立起了葱郁苍翠的森林，成了一个随风摇荡的绿色海洋。尕布龙实现了自己的绿色梦想，他和西宁市的育林人，共同书写了一个绿色的传奇。

尕布龙以自己的实践告诉我们：不是所有的美景都在远方，心间的生态意识和涓涓滴滴的行动，汇聚起来就是一道靓丽的风景。

尕布龙还以自己的实践告诉我们：党的干部赢得群众爱戴不是靠权力，而是靠公信力和人格魅力。

尕布龙之所以是尕布龙，就在于他不管处在什么位置，都能敏锐地感受到群众的疾苦、群众的愿望，并且竭尽所能地帮助群众排忧解难。

尕布龙已经成为百姓情怀、奉献精神和奋斗精神的象征，成为一个鲜亮的时代符号和精神坐标。

参考资料：

1. 尹耀增 唐伟《尕布龙——用85年书写对党和人民的无限忠诚》《青海日报》2021年4月16日
2. 黄昌禄《民族报道选》新华出版社1993年版

草原秋风狂

——祁连县红西路军解放军二军纪念苑及熊厚发烈士牺牲地

文／刘大伟

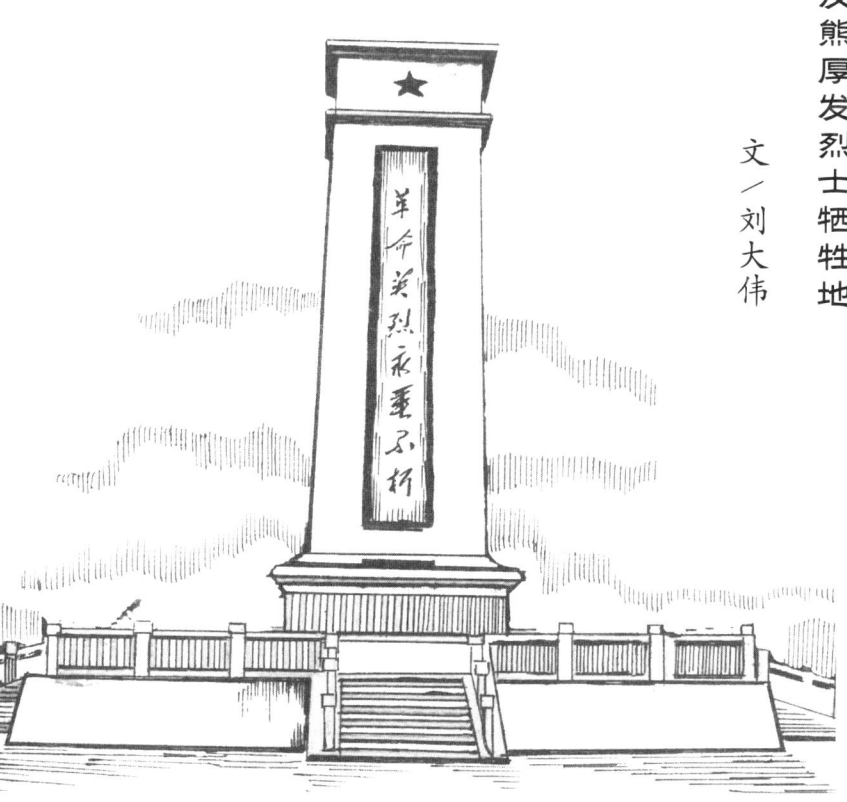

刘大伟

中国作家协会会员,青海省作家协会委员,西宁市作家协会副主席,青海师范大学副教授。出版诗集《雪落林川》《低翔》,文化散文集《凝眸青海道》,获第六届青海省青年文学奖,第七、八届青海省文学艺术奖。

有朋自远方来，在领略了青海湖的壮美和塔尔寺的神圣后，他们还想驻留几日，以期从多方面体悟大美青海的神韵。我的建议是朝西宁西北方向走，那里草原连缀成片，高山草甸与千湖盛景中可以看到高原植被的分布状貌，也可看到蜿蜒如龙的祁连山脉。

提及祁连，朋友顿时兴奋起来——他们沿陇海线而来，抵达兰州后直奔西宁，曾闻地处甘青两省交界的祁连一带风景与别处不同，无论如何要前往观瞻。面对他们的真诚与热情，身为"东道主"的我自然也愿意多做几笔描述：祁连美景涵盖了自然和人文两个方面，自然之美可用一座山名来概括，那就是卓尔山；人文之名可与一支部队的番号来对应，那就是西路军。当然，在奔向这两个目标的沿途，还可欣赏一望无际的油菜花，若时间允许，还可造访王洛宾音乐艺术馆、原子城纪念馆……

愈远处的风景愈发令人憧憬，此话不假。众人很快敲定，先去参观红西路军解放军二军纪念苑——目的地毕竟在县城，住宿参观相对方便一些，待休整好了再去卓尔山不迟。很快，由三辆越野车组成的小型车队出发了。漫漫长路，绿树成荫，如果没有"花儿"相伴，委实少了些意趣。就在众人昏昏欲睡之时，"东道主"自告奋勇，用

·125·

一曲悠扬婉转的"花儿"为他们提神：

>闻名西北的祁连山，
>松树儿罩严着哩；
>尕妹的跟前坐一天，
>活像是过年着哩。

这首"花儿"唱词里的祁连山在古代匈奴语中意为"天之山"。迄今为止，游牧在这里的匈奴直系后裔尧熬尔（裕固族）人仍然称祁连山为"腾格里达坂"，意思也是"天之山"。山上冰川纵横，蔚为壮观。众所周知，海拔在4000米以上的地方被称作"雪线"，这样的高度往往是冰天雪地，万物难以生存。然而，祁连山雪线之上，常常会出现一种逆反的生物奇观——在那些积雪较薄的山层中，生存着名为雪山草甸植物的蘑菇状蚕缀，还有珍贵高山雪莲，以及一种生长在风蚀的岩石下的雪山草。因此，雪莲、蚕缀、雪山草就有了祁连山"岁寒三友"的说法。

祁连山下有一片名为夏日塔拉的草原，当地人也称其为皇城滩和大草滩。这里曾是匈奴王和回鹘人的牧地，也是成吉思汗后裔永昌王阔端其子只必铁木儿避暑和牧马的封地，皇城草原因留存皇家城池而得名。夏日塔拉四季分明，水草丰美，清人梁份所著《秦边纪略》中说："其草之茂为塞外绝无，内地仅有。"藏族英雄史诗《格萨尔》中也讲到这一片草原是"黄金莲花草原"。尧熬尔人和蒙古人一直称之为"夏日塔拉"，意为"黄金牧场"。故事片《蒙根花》《牧马人》《马背小学》，电视剧《和平年代》《王昭君》，风光片《焉支风流》《丝绸之路》《牧马人之恋》《窟窿峡的随想》《丝路绿宝石》等很多影视作品及文化宣传片都曾把这里作为首选外景拍摄之地，所以夏日塔拉草原也有了"影视草原"的美誉。

夏日塔拉草原东边是加在焉支山和祁连山之间盆地中的大马营草原。焉支山一带气候温暖，森林密布。每到七八月份，与草原相接的祁连山依旧银装素裹，恍若冬日，而草原上却碧波万顷，美丽的哈日嘎纳花绽放其间，将整个草原绘制成黄白相间的水彩画卷。这时候，尧熬尔牧人赶着畜群，唱着牧歌，驮着黑白帐篷缓步而来。当微风把花香和歌声同时带到远处时，一切显得苍苍茫茫，空旷辽远。会使人产生返璞归真、如入梦境的感觉。

行走在地势平坦的大马营草原上，远远就可以望见蜚声中外的山丹军马场。其渊源可以追溯到公元前121年，由西汉骠骑将军霍去病始创，距今已有2000多年的历史。那一年，霍去病带领万骑，出陇西，过焉支山、大马营草原，直达祁连山西端。眼见汉家的军马场建成，败退的匈奴各部凄然回首，并发出千古悲歌——失我祁连山，使我六畜不蕃息；失我焉支山，使我妇女无颜色……及至唐朝初年，在太仆张景顺主持牧马事业的24年当中，养马事业繁盛。民国八年（1919年），陆军部委任虞奎武为大马营马场场长，归陆军部军牧司管辖。后因战事频繁，马场几经沉浮，于民国十八年沦为军阀马步芳、马步青兄弟的私人牧场。直至民国二十九年（1940年）才复归国民党中央政府经营。几经周折，组建为山丹军马场。1949年9月21日，中国人民解放军第一野战军奉毛泽东主席令正式接管山丹军马场。随后，它就成了中国乃至亚洲最大的军马繁育基地，为我国的良马培养做出了重大贡献。

二

一首"花儿"和几则有关祁连山的故事将友人们带到了县城。县城龙鳞公园内，坐落着红西路军解放军二军纪念苑。为什么是"纪念苑"而非"纪念馆"？我猜测这个"苑"字可能包含了更为丰富的内容，事实证明我的猜想基本正确。前来迎接的当地作家朋友说，这个纪念苑于 2010 年 7 月建成并使用，占地大约 15 亩，主体结构由纪念碑、纪念馆、纪念广场、浮雕墙和廉政长廊组成，是一个集爱国主义教育、理想信念教育和红色旅游为一体的教育基地。我们现在看到的纪念苑是在原二军纪念苑的基础上进行了搬迁扩建后的一组建筑群落，展示内容方面也有所拓展，主要呈现了红西路军、中国人民解放军一兵团二军、三军骑兵团在祁连县境内的英雄足迹，原来只有纪念碑、纪念馆和纪念墙，后来增加了浮雕内容和图文资料，这样一来，不仅丰富了参观内容，且能带给参观者更加直观和生动的体验。

白色大理石砌成的纪念苑大门端庄朴素，经过门庭时似有凛然之气自前方传来，抬头观瞻时，一座高大肃穆的英雄纪念碑映入众人眼帘。此时，众人不再言语，专听讲解员的细致介绍。从参观顺序而言，纪念碑当属整个纪念苑的标志性建筑，碑体由碑顶、碑身、浮雕碑座、纪念碑基座和四个方位的台阶组成。其总高度为 19.36 米，这样的设计也蕴含着特定的历史背景——1936 年 11 月，中国工农红军西路军开始了西征河西走廊之旅，经过六个多月艰苦跋涉和英勇斗争，终于成功翻越祁连山，并且抵达甘新交界处的星星峡，迎来了革命的曙光，回到了党的怀抱。碑身正面镌刻着"革命英烈永垂不朽"八个大字，苍劲有力的毛体书法将先烈们傲然不屈的风骨衬托得淋漓尽致。接近碑顶的四面分别嵌有四颗鲜红的五角星，象征着中国人民的革命事业如璀璨的红星照耀着大地，祖国的光明未来指日可待。纪念碑基座四周按东、南、西、北四个方位分布有四个台阶，分别象征着红西路军的五军、九军、三十军和中国人民解放军一兵团。最具故事性和历史感的，要数纪念碑的浮雕碑座了。碑座四面分别刻有飞雪祁连山、黄番大战、俄博会见、解放祁连四件影雕作品。

随着了解的不断深入，革命年代的烟尘随即在众人脑海中闪现出来……

1936年8月，红四方面军与第二方面军在会宁会师，经由中央军委指示，红四方面军一部21800多名忠勇将士在陈昌浩总政委和徐向前总指挥的率领下，于10月下旬西渡黄河，执行宁夏战役计划。11月份，因战局变化需要，这支队伍又肩负起了建立河西根据地和接通苏联的任务，就在这个年底，红西路军踏上了艰苦卓绝的西征历程。

1937年3月12日凌晨，红西路军6000余人从三道柳沟突围后向祁连山转移，当急行军至梨园口时，敌人三个骑兵旅、两个步兵团近两万人围追至此。为掩护红西路军总部进入祁连山，担任后卫的九军和妇女团二营2000余人，临危不惧，依托山口两侧的有利地形，靠大刀、长矛与敌人展开了殊死搏斗，战斗极为惨烈。经过一天多的顽强阻击，为大部队的后撤赢得了时间，然而包括政委陈海松在内的近2000名将士壮烈牺牲，他们用年轻的生命在新中国的历史上写下了悲壮而又光辉的一页。

1937年3月14日，红西路军在群峰环绕的红石窝召开军政委员会扩大会议，决定徐向前、陈昌浩等同志回陕北向中央汇报工作；成立李先念等8人组成的西路军工作委员会，李卓然负责政治领导，李先念负责军事指挥；将仅存的3000余人分编为3个支队——即李先念、李卓然、程世才率领的左支队，王树声带领的右支队和毕占云带领的第三支队。三支队伍深入祁连山区，开展分散游击。在与敌人殊死搏斗的过程中，毕占云支队被敌人打散，部分同志牺牲，部分同志被俘；王树声支队仅存十多人，最终摆脱敌人追击后返回陕北。

据《祁连县志》记载：1937年3月，由李先念、李卓然率领的红西路军左支队突破马步芳军队重重围困进至黄番寺地区（今祁连黄藏寺），敌马元海部尾随追至，在黑河、八宝河交汇处，左支队与之进行了激烈的战斗，并且取得胜利。须得承认，黄番寺之战是红西路军兵败河西后，在李先念的直接领导下取得的第一次胜利，经由此战，敌人的嚣张气焰倍受打击，我军的士气大幅提升，并且彻底摆脱了敌人的追击，为部队补充了给养，为左支队走出冰雪祁连山继续西进奠定了基础。3月17日，左支队进抵甘青交界处的丰达坂，稍做休整后继续向西进发，20日左右进入祁连县野牛沟。之后，他们沿野牛沟峡谷继续南行，翻越了热水达坂，经托勒、疏勒河谷辗转西行，经泵河、考克赛、花儿地、硫黄矿，于4月初走出青海，进入了一个叫星星峡的地方，从地图上看，这里是肃北与新疆交界的区域。

寒风号呼，大雪纷飞。回望刚刚经历的这一个多月，左支队战士们遭遇的苦楚唯有自己知道。辗转山区的这些日子里，他们遭遇了非常寒冷的天气和无比凶残的敌人，而此时的左支队正在面临着武器不足、物资匮乏的困难，人困马乏的他们一边同敌人周旋，一边还要和严寒搏斗，天天走在冰雪之中，夜夜睡在冰窟里，没水没盐，只能吃皮带、喝雪水……这样的情景，着实令人难以想象。如今听来，不由得令人感佩至极——这支伟大的队伍凭借着怎样的精神，最终战胜了恶劣的自然环境，粉碎了敌人的围追堵截，竭尽全力保持红旗不倒，始终坚定理想信念不变，为革命队伍保存了骨干力量。

与此同时，红西路军从河西走廊打通国际路线的苦战中，总部机关和3个建制军几乎覆灭，上百名团级以上干部及万余名战士血洒祁连山。然而在鏖战的4个月内，红西路军在极其艰苦的条件下，共歼敌2.5万余人，吸引了河西走廊10余万敌军，有力地策应了黄河以东红军的正面作战，同时对推动西安事变的和平解决发挥了重大作用，其历史功绩将永载中国革命战争的光辉史册！

三

黄番寺之战后，左支队走出祁连山继续西进，临行前忍痛将7名受伤的同志留在了当地，让他们就地游击，伺机东返延安，其中就有红三十军副军长兼八十八师师长熊厚发。

作为红四方面军的主力，熊厚发在与马步芳、马步青部队的战斗中，曾血染河西走廊，创造了光辉的战绩。然而，他受伤的左臂长时间无药可治，队伍进入祁连山后他的伤势急剧恶化，胳膊肿得有碗口那么粗，钻心之痛让这位铮铮男儿紧咬着牙关，却不曾呻吟一声。为了不再给部队增加负担，熊厚发再三请求首长把他留下来，不要管他："我不能走了，把我放在这里吧！你们要快走……敌人很快就要追来……这里太危险……要保留下这些革命的种子……"话未说完，滚烫的热泪已从他那瘦削的脸颊纷纷滚落。听闻此言，李先念哽咽着说："我们就是背着你走，也要把你背出去。"战友们都泣不成声，纷纷表示大家愿意把他背出去。然而熊厚发非常清楚自己的身体状况，一再表示他想一边养伤，一边把流落在祁连山南北的红军战士收拢在一起打游击。因此，他果断而坚毅地说："我还是留在这里，你们去打游击。你们走时给我留下一封介绍信，将来回到延安，我还是个共产党员。"首长见其态度坚决，不可更改，只好给他写了一份党员介绍信，留下几块银圆和一小包洗伤口用的盐，嘱咐留在一起的战士们想办法搞些牛羊肉，白天不要做饭，等熊师长伤好后就在当地打游击，如站不住脚，就东进回延安。接过党员介绍信后，熊厚发激动地说："放心吧，死不了，我还要回延安呢！你们快走吧，革命一定会胜利！"众人挥泪告别，继续踏上了西进的征途。

据毛峥嵘《血染河西走廊的红军战将熊厚发》记述，熊厚发留下后，立即收拢流散在祁连山中的红军战士60余名，连同留下的一个排，总人数达100余人。他们烧毁了不能带走的公文，掩埋了冻死在山沟里的伤员，坚持在祁连山中打游击。1937年3月22日，熊厚发带领其他6名战士沿托勒南山东行至草达坂，也就是今天的祁连县阿柔乡时，同搜山的马忠义部遭遇。熊厚发指挥大家与敌人展开了激烈的战斗，他们凭借有利地形，一次次打退了敌人的进攻，不幸的是熊厚发左腿又受重伤，加之敌我力量悬殊，情况非常危险。但他们一直坚持到了傍晚时分，子弹全部打完，他们砸毁了枪支，最后被敌人包围。马忠义逼迫身负重伤的熊厚发投降，遭到熊厚发的严词拒绝，这种大义凛然的英雄气概使敌人感到胆寒。面对敌人的枪口，熊厚发毫无惧色，就在他牺牲的最后一刻，还振臂高呼："中国共产党万岁！""中国工农红军万岁！"那年，他才24岁。

四

1949年8月，中国人民解放军第一野战军一兵团二军沿宁张公路进入海北，翻越祁连山，迅速插入河西走廊，切断了敌人的后路，并歼敌于该地区，完成解放西宁的任务后，在司令员兼政委王震的率领下进军张掖。9月13日,二军前卫十四团翻越海拔3767米的景阳岭时,遭遇了特大暴风雪,150余名指战员壮烈牺牲,长眠于祁连山中,剩余战士仍旧继续行进。战士们头顶严寒风雪,脚踩泥泞山道,忍受着饥饿、寒冷和剧烈的高山反应,体力消耗极大。最终,他们以非凡的毅力战胜了各种艰难险阻,胜利到达峨堡,受到了彭德怀副总司令员的通电嘉勉。在峨堡,二军官兵受到了阿力克部落千户南木卡才项和群众的热烈欢迎。

回望艰难的行军之旅,王震司令员感慨万千:"我们的战士非常伟大,我们的革命就是靠这些伟大的战士,去战胜一个又一个困难而取得胜利的。"接着他又憧憬道:"乌云把祁连山都遮住了,遥远的草原无边无际,我们翻过这座风雪祁连山,就可以胜利地向新疆前进了!"于是,便有了那首脍炙人口的西行战歌《凯歌进新疆》:

白雪罩祁连,
乌云盖山巅;
草原秋风狂,
凯歌进新疆。

11月22日凌晨,中国人民解放军一兵团三军骑兵团在政委苏醒的率领下,向盘踞在二寺滩(今祁连县八宝镇)地区的敌骑5军和骑8旅残部发起进攻,并取得胜利,祁连获得解放。1990年,为了纪念中国人民解放军西北野战军抛洒的青春热血和做出的卓越贡献,缅怀烈士的英雄事迹,青海省委省政府决定在八宝镇下庄修建纪念苑,1996年纪念苑搬迁至卓尔山森林公园,十四年后,这座纪念苑又迁移至县城的龙鳞公园内,建筑规模进一步扩大,爱国主义教育影响力也与日俱增，2012年被评为青海省爱国主义教育基地，2015年被评为省级国防教育基地，2017年被评为青海省中共党史教育基地。可以说，整座纪念苑已成为集爱国主义、理想信念教育和红色旅游为一体的颇具代表性的教育基地。

毋庸置疑，碑座上的飞雪祁连山、黄番大战、俄博会见、解放祁连四件影雕作品基本蕴含了整座纪念苑所承载的历史背景与现实意义。我们再去参观纪念馆和廉政长廊时，有关红西路军的很多历史想象很快在陈列在红西路军展区、解放军一兵团二军及三军骑兵团展区的一件件实物、文字图片、碑文雕刻上得到了确证。再看醒目的主题精神墙，其主体部分由鲜红的中国工农红军西路军军旗、八一军旗和红旗组成，军旗上配有象征前进的军号，旗帜下方配有苍翠的松枝——红花自有绿叶以及深扎泥土的根系供给营养，根在，绿叶在，勤劳勇敢的祁连各族人民在，鲜艳的花朵就是指引大家奋勇向前的精神旗帜。

廉政长廊有着典型的廊檐式建筑结构，琉璃屋瓦面凸显了我国传统建筑的端庄风格。廊顶上方摘录书写了党的领导人对廉政建设的经典语录，精辟而又令人深思。长廊中部悬挂着具有古代法理象征意味的钟模，蕴含"警钟长鸣"之意。我在想，当每一位参观者逐一通过由"昨日辉煌""西征前夕""艰苦历程""力挽狂澜""浴血重生"等关键词织就的这段"历史帷幕"时，内心深处对革命战士的那份敬仰和感佩之情是否愈发深厚了呢？而眼前的这具钟模，不仅敲响的是"廉政"之声，在我看来，它也时刻暗示着每一位平凡的人——任何来之不易的成果，都要倍加珍惜，譬如安宁的家园、伟大的祖国。

关于峨堡的红色记忆

文／牧子

牧子

国家三级作家,青海省作家协会会员,1993年入中国作家协会鲁迅文学院学习。作品散见于《诗刊》《北京日报》《青海日报》《青海湖》《延安文学》等报刊,著有诗集、散文集多部。

一

这是一座在地图上只标注了一个小点的牧区小镇，坐落在祁连山脉中段的北缘，国道227线（张汶线）横穿而过。向西北方向蜿蜒前行至扁都口，就豁然进入了河西走廊，当大山离你渐行渐远时，你已然完全脱离了青藏高原。如若再往前行，可以经新疆到达中亚。在它的西边不远，有一处托勒北山的垭口——景阳岭，藏传佛教的信众在那里搭起了一个巨大的敖包，筑起了高高的煨桑台，敖包周围堆砌着无数嘛呢石，五颜六色的经幡在海拔3767米的厉风中终年飘扬着。在人们的描述中，这座小镇是"青海的北大门"，是"古丝绸之路南路的重要驿站"，是隋炀帝大破匈奴的"覆袁川古战场"。

这座小镇便是峨堡，是我记忆中的一个节点，一个与颜色有关的记忆节点。

6岁时，随父辈来到峨堡。那时的峨堡，是我年少的记忆中一片大大的葱绿色草原，我在这片草原上捡拾着自己懵懵懂懂的少年时光，直到12岁离开。这短暂的6年，也是我第一次与峨堡历史撞了个满怀的6年。

峨堡有一座古城遗址,据后来考证,这座古城池始建于宋代。年少时的我,常常伙同儿时的玩伴在古城里玩耍,爬上残缺的古城墙疯跑。有一次,小伙伴们在城墙上追逐玩耍,我一脚踩出了一个空洞,跟跟跄跄地扑倒在城墙上,而映入眼帘的却让我兴奋不已:空洞里堆满了一个个烧制的圆形器物,厚度约2-3厘米,直径约10厘米左右,呈半球形,球面上各种各样的兽面形象清晰可见——那兽面纹路突兀,毛发丰裕,圆目怒张,獠牙显露。在我看来,这些就是精美的艺术品。我随手捡起一个破底的废旧脸盆,将这些精美至极的圆形艺术品满满装了一脸盆,兴致勃勃地端回了家。母亲嫌我把这些"庙里殿里"的东西拿回家,为了图个"吉利",硬生生命我扔掉。我虽然不情愿,但母命难违,就将那破脸盆连同"不吉利的东西"一起,以优美的抛物线轨迹扔进了小学校倾倒炉灰的大坑里。直到许多年以后我才知道,那些东西叫瓦当,一只形状纹路均完整无缺的宋代瓦当,其价值百万有余。这件事,成了我峨堡记忆中唯一的灰色。

然而,关于峨堡的记忆,大多还是与红色有关。

二

峨堡是当时的公社所在地。公社里为了让居民吃上干净的水,打了一口井,盖了水房,但高原的冬天出奇得寒冷,在海拔3100米的峨堡,保证水井在冬天不被冻住,就成了首先考虑的问题。

一对无儿无女的老夫妻,被公社安排看管水房,他们常年吃住在水房。为了完成母亲交给我的每天挑一担水的任务,几乎天天都能见到这老两口,久而久之,我这个"不大的娃娃"就与这两位老人熟识了。学校里要开"忆苦思甜"会,老师就请来老人给我们讲旧年岁里的那些事情,从老人的讲述中,我知道爷爷是一位老红军,奶奶是当地恶霸家里的童养媳。老爷时常夸我"聪颖",我就有事没事地泡在爷爷的胯前,听他讲述他在"忆苦思甜"时从来不曾提及,却足以让一个懵懂少年震撼的人生经历——

老人叫刘思贵,儿时没有大名,小名叫刘猫儿。

刘猫儿出生在四川营山县的一个小村庄。

40多年后,老人在讲述自己老家的小村庄时,除了村头的一条不知名的小河,小河上那座小石板桥和挺立在桥头的一棵粗壮的老槐树以外,就再也没有丝毫印象了。

刘猫儿有一个在本村出嫁的姐姐。在那个后娘掌事的家里,刘猫儿的日子并没有好过到那里,白天放牛,晚上就蜷缩在自家的牛棚里睡觉。残羹剩饭勉强填饱肚子,有时甚至还要挨家挨户要饭吃。在刘猫儿的记忆里,最让他开心的事,就是和昔日的小伙伴们在村头的老槐树下玩耍,只要有小伙伴们,刘猫儿就会忘记饥饿和烦恼。

姐姐的婆家也是穷苦人家,过着清苦的生活,经常是吃了上顿不保下顿。尽管这样,姐姐也时刻牵挂着弟弟,有时候会在猫儿经常放牛的山坡上找到他,给他带去一点点勉强能充饥的食物。

1934年的秋天,在一个细雨飘飞的夜晚,刘猫儿从牛棚里听到村口传来一阵窸窸窣窣的脚步声和低语声。他好奇地摸到村口,看到有一队人马井然有序地在老槐树下和衣而睡,旁边有几个放哨的人,手里都端着长枪。刘猫儿以为是坝子上的土匪又来抢东西了,吓得急忙往回跑,不料被一个哨兵一把抓住,死死摁倒在地上,使他动弹不得。刘猫儿被绑在一棵小树上。天快要亮的时候,来了几个兵,把他从小树上解下来,问了他家里的情况,对他说:"我们是中国工农红军,是为穷人打天下的军队,不是坏人,也不是土匪。"刘猫儿没听太明白,也没言语。一个兵走过来对他说:"你一个放牛的娃儿,也是苦孩子,就跟我们走吧。"

"跟了你们能吃饱饭吗?"

"能。"

"能吃饱饭就行,那就跟你们走吧。"

就这样,刘猫儿参了军。那年,他19岁。

这支部队是中国工农红军第九军二十七师八十团先遣连。

天亮后,部队要开拔,刘猫儿说要去给姐姐说一声再走,可连长不让,说:"你现在是革命军队的战士,一切行动要听指挥。"刘猫儿无奈,就跟着部队离开了生活了19年的家。这一走就走了几千里,等他再一次回到这个小村庄时,已经是将近半个世纪后的事了。

刘猫儿参军时,因为个头小,身体也单薄,没有被编入战斗部队,没有军装,也没有枪,但经历了红军在川陕苏区的反"六路围攻"奔袭战。在战斗的间隙,刘猫儿和战友们一起学习文化,感受到了革命队伍的温暖。红军文化教员在文化课上对他说:"你应该有个正经的名字了。红军救了你,是你的贵人,是我们劳苦大众的贵人,你永远不要忘记红军,你就叫刘思贵吧。"从此,刘思贵这个名字,被写进了中国工农红军第九军二十七师八十团卫生队的战士名录。

自1934年10月至1937年5月,刘思贵跟随红军,见证了川陕苏区反"六路围攻"、懋功会师、过雪山草地、会宁会师、西渡黄河建立甘北革命根据地、征战河西等一系列辉煌历史,他也从一个放牛娃成长为一名坚强的红军战士,时任中国工农红军第九军二十七师八十团卫生员。

刘思贵无法忘记1937年冬天的那个夜晚。

元旦刚过,红西路军九军二十七师八十团卫生队随军部进驻河西走廊的沙河堡。紧接着，八十团主力也随后赶到，在沙河堡外围布防，担任军部警戒任务。

一天傍晚，卫生队的小院里突然抬进来一批伤员，有的腿被炮弹炸飞了，有的已经失去了一只胳膊，有的头颅被破旧的衣服包裹着，他们都发出微弱的喘息……卫生队的每一个人都在忙碌的同时，互相打听着是哪里又开打了。

刘思贵从一个抬伤员的战士那里听到，这些伤员是倪家营子方向突围出来的，在向东撤退途中被马家军又打散了，是被回防的教导队营救并送到这里来的。刘思贵后来回忆说，那一刻，他最恐惧的不是战争对自己生命的威胁，而是那些伤员在接受没有麻药的取弹片手术时发出的凄惨叫喊声。每一次叫喊，都能撕裂他的心肺。队长从一个伤员的枪上卸下一根刺刀交给刘思贵，让他到堡子外的沙坝上砍些沙柳来，然后把这些沙柳的枝干截成一尺长短的尺寸拧在一起，让接受手术的伤员放在嘴里用牙死死咬住，以抗拒钻心的疼痛。刘思贵在砍沙柳的时候，看到堡子外围的八十团主力在收缩防御阵地。砍完沙柳回来，他把主力正在收缩阵地的事告诉了队长，队长一下子用手捂住了他的嘴，悄悄告诉他说，五军在高台打得很惨，倪家营子吃紧，三十军可能要撤，我们也要向东撤返，准备打回延安去。

当天夜里，卫生队就接到军部的命令，让他们带着一部分轻伤员和妇女向东隐蔽行动，军部明确：卫生队的行动路线是先向南，再向东寻机撤返。白天隐蔽，晚上走路，给养自行解决，有骑兵师一部接应。

在漆黑寒冷的黑夜里，刘思贵跟着部队走啊走，天一亮，就趴在山沟里不敢出来，饿了嚼一把随身带的干青稞粒，渴了就一把山间的残雪。等到天黑，继续深一脚浅一脚地在大山中走，走了十几天。

他们在途中偶尔也会碰到一些兄弟部队的伤病人员，从他们口中得知五军兵败高台、董振堂军长和杨克明主任都已经牺牲的消息。那些伤病员说，董军长牺牲后，马家军把军长的头颅割下来挂在高台城上示众。

队伍越走越少，走到了临近临泽的地方，一些伤病员由于得不到及时治疗，伤势恶化，再加上大幅度消耗体力，连冻带饿，最终不能坚持随部队一起行动，部分留在山里自行行动了，还有一部分在撤返的路上牺牲了，最后只剩下他们17个人。除了卫生队队长、一名炊事班的湖北籍老战士和刘思贵以外，剩下的大部分都是妇女了。

4月底的一天，刘思贵随卫生队走到了一处山沟里，正在就地隐蔽，突然传来一阵马蹄声夹杂着吆喝声，等他们回过神来时，两面的山崖上已经密密麻麻站满了马家军的骑兵"灰马队"，他们骑着马从山坡上飞奔下来，把刘思贵和16个战友团团围住，就这样，刘思贵被俘了。

刘思贵被俘后，被马家军押解到张掖，负伤的战士被送到教会医院做了简单治疗，然后就在县府大牢里被分散关起来。三天后，刘思贵和其他被俘的红军战士被叫到大院里集合起来。马家军的一个军官开始训话，说是奉了"马主席"的命令，要把他们押解到西宁，只要老老实实，到西宁后，男人们干活当差，女人们当长官太太，有吃有喝。刘思贵用目光在人群中搜寻着，和他一起被俘的战友中，只有那个湖北老兵在队列里，其他人一概不知去向。马家军怕这些战士反抗或者逃走，就用麻绳从胳膊上一个人一个人地连在一起，让一些被俘的红军伤病员和妇女孩子排着队，走在队伍的最前头，开始从张掖向西宁押解。在被押解的途中，刘思贵和红军战士们历经长途跋涉、饥饿寒冷，受尽了非人的磨难，很多战士牺牲在被押解的路上，减员厉害。

5月上旬，被俘的红军战士们经民乐、扁都口、峨堡岭，走到了景阳岭以西的清查河一带。

傍晚时分，他们突然被命令停止前进就地休息。天黑后，马家兵开始在不远处的草地上挖大坑，刘思贵猜想，这些没有人性的反动派就要实施活埋红军俘虏的罪恶行动了。他悄悄解开绳索爬起来，趁着夜色开始向北边的大山中奔跑，随即就听到身后有马家兵大喊："红娃子跑了！红娃子跑了！赶紧追，抓住了打死！"紧接着就是一阵枪声。刘思贵听着枪声，不顾一切地跑向后山，在确认后面没有人追来时，找了一个旱獭洞猫起来，一直藏到了第二天傍晚。

一天后，又饿又冻的刘思贵不知道自己将要去哪里。他沿着自己跑来的路，又返回到了自己逃脱的地方，此时已经空无一人了。刘思贵清晰地看见，草原上一片刚刚回填的新土，上面密密麻麻布满了马家兵的鞋印。那一片新土已经被马家兵踩得硬硬实实的。刘思贵眼望着掩埋自己战友的那片新土，无限的悲痛从心底迸发而出，他在空旷的草原上嘶声号啕，恨不得再把那些被埋在地下的战友顷刻间扒出来，但他已经无力回天了。

巨大的悲痛和极度的饥饿，使刘思贵昏厥过去。当他清醒时，才知道是几个从大通来贩缸的回族百姓救了他。几个好心人给了刘思贵一些食物和一件破皮袄，告诉他在狮子口有马家军的卡子，让他往西走。刘思贵脱下自己身上的军装就地埋了，穿起破皮袄，把红军帽揣在怀里，开始向南走，走到八宝河北岸时，天就黑了。他不敢说话，在当地藏族人的帐篷里比画着要了点食物，就沿着八宝河一路向西，边走边要饭，漫无目的地游走。从此，孤独、饥饿、寒冷、恐惧伴随着刘思贵，他开始了在草原上的流浪生活。

1937年夏天，刘思贵来到了祁连阿力克草原，得到了藏传佛教寺院阿力克大寺僧人的救助。当阿力克藏族部落的一位头人得知刘思贵是被俘后又逃脱的红军时，专门在夜间来到寺院探望，嘱咐寺院僧人保护他，对他的身份要绝对保密，一旦被马家军知道，这个好不容易逃脱的刘思贵就会被马家军二次抓去，性命不保。头人让刘思贵烧了红军帽，剃了头，换上僧服，嘱咐刘思贵："要想活命就不要说话，最好装哑巴。"

就这样，刘思贵在阿力克大寺的保护下，在寺院里装成哑巴做杂役，度过了整整四年的时间。在这四年里，刘思贵受当地藏族的生活习惯和宗教文化的耳濡目染，渐渐地习惯了藏族的生活方式，虽然不说话，但心里却暗暗记住了很多藏语。

四年后，还是那位藏族头人来到寺院里，把刘思贵从寺院里接出来，送到大山深处的草场上为千户放羊。那时候，刘思贵已经不怎么说汉语了，却可以说一口流利的藏语。他身上穿着藏袍，腰里挂着藏刀，俨然是一位英俊的藏族小伙子——龙日格。就这样，刘思贵完完全全融入藏族群众之中，一直为阿力克千户放牧牛羊，直到1950年成立祁连行政委员会。随着时间的推移，阿力克草原上已经很少有人知道刘思贵是曾经的红西路军战士了。

新中国成立后，新生的人民政府开始社会主义建设，刘思贵在祁连县落了户，结了婚，在祁连阿力克草原扎下了根，成了新社会当家作主的一代新牧民。1958年推行牧业合作化时，刘思贵被群众推选为骆驼河牧业生产合作社副社长。同年7月，奉命带领民兵赴甘肃天祝县与青海海北接壤的地区剿匪，胜利完成任务后，又配合天祝县公安局干警，捕获了台湾国民党空降特务，受到党组织嘉奖。1959年，刘思贵光荣地加入了中国共产党，先后担任阿力克公社黄草沟大队党支部书记、大队长，多次被评为生产模范、先进工作者，享受国家定额生活补助。

20世纪70年代末,国家落实西路军老战士和军烈属优待政策,当时已经移居峨堡的刘思贵得到公社通知:如果他愿意回原籍定居,国家将落实迁回原籍的相关政策。已经是60多岁的刘思贵想家了,他想回去看看。

1978年春夏之际,峨堡公社派一名文书陪同刘思贵回到了他日思夜想的四川老家。离开故乡时,刘思贵只记得自己的家乡在四川省营山县,却不知道具体的地名。一行两人几经辗转,通过当地政府的配合,才找到了刘思贵40年前悄然出走的那个小村庄。当他走到村口时,一眼就认出了村头那棵承载了自己许多记忆的老槐树。除了这棵老槐树外,故乡早已变得让刘思贵认不出来了。进村后,他们多方打听,找到了依然健在的姐姐。姐姐家的门楣上,挂着一块鲜红的匾牌,上面写着四个金色大字:光荣烈属。刘思贵走进屋子,一眼就看到了坐在炕上的姐姐,他大喊一声"姐姐",便扑上去一把搂住姐姐号啕大哭!年迈的姐姐不知所措,她怎么也无法相信,当年那个孤苦伶仃、无依无靠的刘猫儿,那个悄悄跟着红军走了的刘猫儿,走了40多年了,居然还活着!居然还能回来!

姐姐说,她真想看看弟弟现在的模样,但是再也看不到了。刘思贵走后,姐姐找不到他,每天都在哭。后来听邻村的人们说,那天晚上红军来过,猫儿可能是跟了红军了。兵荒马乱的,猫儿能不能再回来?从此天天以泪洗面,没多久就哭瞎了一双眼睛……

"刘猫儿回来了!"

这个消息在小村庄里不胫而走,人们纷纷前来探望,有刘思贵的同龄人,也有晚辈后生。同乡们奔走相告,"红军战士刘猫儿40年后衣锦还乡"的消息传遍了十里八乡。

刘思贵在乡亲们面前说的最多的话，就是："我刘思贵这辈子没有做过官，就是一个普普通通的老百姓。当年我跟了红军，就是为了能吃饱饭。在红军队伍里，我知道了一个道理，光我一个人吃饱饭不行，要让天下所有受苦的穷人都吃饱饭，过上好日子。我们就是为了这个打天下的。现在，我在青海很好，政府很照顾，我能吃饱饭。回来后看到家乡的亲人们也都能吃饱饭。这是我的那些战友们用命换来的，不容易啊！后生们一定要记住，千万不要忘记了我们现在的好日子里，流淌着先烈们的血！"

刘思贵在家乡住了12天，每天都在家里陪着姐姐。刘思贵说，那时候家乡的生活条件已经很好了，他在家里什么都干不了，也什么都不想干，只想陪着老姐姐，多陪一天是一天。

1994年4月，刘思贵在祁连县峨堡镇逝世，享年80岁。

峨堡连同刘思贵的名字，就这样刻进了一个少年的脑海，同时刻进脑海的，还有中国革命史上一段可歌可泣的历史。

三

26岁，人生最灿烂的年纪。我在我最灿烂的年纪，又一次与峨堡相拥。

1994年底，我被安排到峨堡一处煤炭检查站工作，这一次，我与这片草原又相依相伴了三年。从第一次到峨堡草原上学到第二次到峨堡草原工作，相隔了整整十五年。遗憾的是，当我第二次到峨堡时，那个刻进我脑海的老人刚刚作古，我们没能再次谋面。但由于工作的原因，我翻阅了大量关于祁连县的历史档案资料，发生在峨堡的一些历史事件，又一次理所当然地延续了我的红色记忆。

思绪穿越至伟大的解放战争那隆隆的炮声中——

1949年4月21日,毛泽东主席和朱德总司令发布了向全国进军的命令。5月,中国人民解放军第一野战军根据中央军委"向西北进军,消灭西北地区之敌,解放并经营陕、甘、宁、青、新五省"的命令,吹响了解放大西北的进军号角。5月2日解放古城西安,随即击退了胡宗南、马步芳、马鸿逵部的联合反扑,继而又发动扶眉战役,歼灭胡宗南主力四个军四万三千多人,给胡宗南主力以致命打击,迫使马步芳、马鸿逵陷入彻底孤立的境地,为解放兰州创造了条件。

1949年7月,毛泽东主席在为人民解放军确定的《解决西北敌军的方针》中指出,对马步芳、马鸿逵应予区别对待:首先打击马步芳;马鸿逵与傅作义将军私交甚密,曾派人向傅作义将军表示有向我求和之意。同时,鉴于马步芳部在政治上占统治地位,在军事上也比马鸿逵强大,歼灭了马步芳部,即可基本上解决西北问题。

1949年8月26日,兰州解放。27日,第一野战军第一兵团接到了进军青海夺取西宁的命令。兵团机关和二军在王震司令员兼政治委员的直接率领下,由临夏过黄河,经甘都、化隆直取西宁;一军由贺炳炎军长率领,从永靖渡黄河,经民和、乐都,沿湟水以南山区小道进军西宁。两路大军犹如两股强大的铁流,形成了钳取西宁的态势。9月5日西宁宣告解放。10日,一兵团一军派一师二团副团长张星垣率领一师侦察连、二团侦察排从西宁出发,12日到达门源,随即,门源宣告解放。13日,一兵团二军前卫十四团在翻越峨堡以东海拔3767米的景阳岭后,向峨堡进军,途中因天气突变,风雪交加,赵洪生、傅保大、李穆等158名指战员冻亡,长眠在祁连山中。突发的变故并没有消磨革命战士钢铁般的意志,他们忍痛别离长眠祁连山的战士,克服高寒缺氧、气候多变的恶劣自然环境,胜利翻越景阳岭,于14日深夜抵达峨堡后又连续作战,袭击了马家军设在峨堡的兵站。至15日凌晨,消灭敌兵站守敌一个排,缴获步枪、马枪、机枪、弹药若干及汽车两辆。峨堡战斗的胜利,为二军挺进河西走廊重镇张掖扫清了障碍,为王震司令员接见阿柔藏族部落千户南木卡才巷创造了必要条件,为解放祁连奠定了坚实的思想和政治基础。同日,一兵团司令员兼政治委员王震率领所部穿越祁连山,经峨堡挺进河西走廊,拉开了进军新疆的序幕。

王震司令员途经峨堡时,在王家大院接见了阿柔藏族部落千户南木卡才巷等民族上层人士,在座的有奉命随解放军进军新疆开展和谈工作的马辅臣、马振武、绽福寿和解放军几位高级干部。藏族人民为部队箪食壶浆,献给二军菜牛50多头,羯羊200余只及酥油糌粑。王震司令员询问了祁连的相关情况后说:"你们来得很及时,我们表示欢迎,你们送来的牛羊我们不能收,我们解放军有三大纪律八项注意,要是收了会违反纪律的,但乡亲们的心意我领了,表示感谢。你们回去后要很好地保护乡亲们,不要叫散兵枪杀掠夺,我代表总司令部留给你们步枪50支,好好保卫地方,不久解放军就会来祁连保护大家的。西宁和门源的解放,也标志着祁连的解放。新中国成立后,人民都翻身当家做主,过个好日子。我们明天就要走甘肃,要上新疆,大家听好消息吧。"南木卡才巷再三恳请王震司令员收下牛羊,王震司令员说:"你们的盛情不可却,我转告司令部叫三军军部收下来好了。"南木卡才巷当即指派曲乎勒等人将牛羊送往张掖三军军部,并按照王震司令员指示从张掖领回枪支弹药。

南木卡才巷回到驻地后,迅速建立起了阿柔自卫队,自任主任,指派龙柔、曲乎勒担任正副队长。1949年10月下旬,逃匿盘踞在二寺滩、野牛沟的马家军散兵游勇日益增多,经常到阿柔部落抢夺牛羊,二寺滩与阿柔之间封锁严密，敌我对峙，枕戈待旦，战事大有一触即发之势。在这种情况下，通过与甘肃省民乐县南城子的黄旦增联系，11月，南木卡才巷让李志刚、曲乎勒二人星夜赶到民乐县，向第一野战军三军骑兵团、骑兵大队汇报匪情，并要求派部队进行清剿，一举解放祁连。三军骑兵团团长郝占堂、政委苏醒、副团长何运书亲自接见了他们。听完汇报后，当即派了一个排，随李志刚等人进入祁连侦察，了解匪情，测绘地形。侦察人员返回民乐后，部队领导决定兵分两路，一路经扁都口、一路经大河，由李志刚、曲乎勒当向导，连夜进军祁连。剿匪战斗开始后，阿柔自卫队承担了支前运输和向导任务，很好地配合了三军骑兵团的军事行动。22日凌晨，三军骑兵团向盘踞在二寺滩的残匪发起进攻，一举消灭了盘踞在祁连二寺滩一带的残匪，活捉敌旅长冶长寿以下10余人，共俘虏了以敌军官马振忠为首的反动匪特人员70余人，宣告祁连解放。

为了彻底肃清匪患，解放军继续在祁连二寺滩一带展开剿匪斗争，阿柔自卫队和群众密切配合解放军作战，经过一年多的时间，基本上肃清了这个地区的散匪。1951年初，驻二寺滩的解放军工委，发动群众控诉揭发了大地主们的罪行，尔后镇压了当地大地主聂起凤的儿子聂成彪及冶生奎、冶长寿等。剿匪斗争结束后，南木卡才巷和李志刚应第一野战军三军邀请到达张掖，得到三军黄新廷军长的接见和款待。黄新廷军长表扬了阿柔自卫队为保护当地各族人民的生命财产安全和解放祁连、肃反清剿中起到的不可替代的积极作用，并送给南木卡才巷一支卡宾枪，送给李志刚一顶礼帽。为了协助部队解决肉食供应，南木卡才巷动员本部落群众，于1950年七八月间，卖给第一野战军三军七师牛300头、羊约1000只。

1950年，青海省召开各族各界联谊会，南木卡才巷委托李志刚和两名牧民代表出席会议。会上，李志刚汇报了祁连地区群众配合三军骑兵团剿匪的经过和当地群众及头人要求派干部到祁连建立人民政权的意见，受到了大会的表扬。同时，给阿柔自卫队等单位颁发了锦旗。同年，彭德怀总司令得悉南木卡才巷的拥军支前事迹和积极协助人民军队剿匪等实际表现，指示西北军政委员会特邀南木卡才巷和阿多到西安参加第一次民族工作会议。他们到达张掖时，适逢王震司令员回京开会路过张掖，又一次接见了他们。两人到西安后，受到彭德怀总司令的接见。返回时，彭德怀总司令送给南木卡才巷卡宾枪一支、丝光衣料一套，勉励他们更好地为人民服务。1951年，中共祁连工委、祁连行政委员会相继成立，南木卡才巷被任命为主席；1952年10月成立祁连藏族自治区；1953年改区为县，南木卡才巷当选为县长，郑吉荣、阿多当选为副县长。与此同时，海北藏族自治区成立，南木卡才巷当选为副主席；1955年，成立海北藏族自治州，南木卡才巷当选为副州长。

南木卡才巷在后来的抗美援朝、保家卫国运动中，积极动员本部落群众踊跃捐献，共捐献羊皮1200多张，南木卡才巷本人捐献白洋200多块，用于购买飞机大炮，支援中朝人民，打击侵略者。

四

峨堡，这个坐落在祁连山中的草原小镇，承载了无数历史的烟尘，也延续了我的红色记忆。就如我在《峨堡赋》中所述，它寄托着我对这片草原所有的深情与厚爱：

峨堡之地，祁连机枢；扁都锁钥，青海门户。序春秋乃肇盛唐，轮日月而越千年。屏拱河西，近得内泽；翼张东西，先迎外养。

峨堡之名，始于祭垒；古城遗存，丝路印记。秉岁月乃驻史册，历沧桑而成峥嵘。雪峰连绵，映亮长天；沃野千里，莺飞草长。

自古丝路南北，红城羌中道；钟灵之地，人杰出焉。显、景、应、蒐，越经扁都；志达西域，智明东方。炀帝西征，功在覆袁川，名扬八荒。安羌定边，河湟屯田，赵氏汉将越险谷，疏通南道。"驰命走驿，不绝时月；商胡贩客，日款塞下"。东西经济趋频繁，文化交流驿博望。生机与国运同频，命脉共天钧齐律。逸韵遗风，铸就一方气概；各族安定，播扬华夏风范。

抚今追昔，澎湃激情。改革行而风雷动，宏措举而春潮生。禀天时，凭地利，聚人和，蓄发民族底蕴；明诚信，崇创新，重生态，弘扬时代精神。继往开来，飙举长帆之迅，以通灵达变；顺势崛起，玄观大吕之和，以富民强县。倡和谐兮国泰民安，谋发展兮日新月异。科教兴邦，社保济世，文明化俗，生态惠民。此一方天地，小可观高原盛名，大可瞻华夏国运。逢盛世可拟汉唐，平添气象；图宏业可跃九天，待领风骚。煌煌乎百业咸振，焕焕然千载一兴！

噫吁唏！时竞昌黎，日月俱新；万众同赋，天地和声；探经索纬，岂尽豪情。

探壮美之地，我呼峨堡；寻昌盛之域，我呼中华！

2022 年 8 月 27 日

信仰的器皿

——精神高地二二一

文／寒竹

寒竹

本名田梅秀,女,1975年生。中国报告文学学会会员,青海省作家协会会员,青海人民出版社编辑,著有散文集《税月如歌》、报告文学《那片瀚海,那片情》等。荣获第八届青海省政府文学奖。

美丽的金银滩草原隶属青海省海北藏族自治州,在历史长河中,它一直是一块不得不让人去关注的土地,《西宁府新志》中说"城在临羌新县西,置西海郡,治在龙夷城"。已有两千多年历史的西海郡由于其优越的地域条件、突出的政治地位而成为兵家必争的重镇,一直都不曾被历史遗忘。

金银滩草原坐落在我国最大的咸水湖青海湖北畔,这里气候严寒,天气恶劣;这里是黄河重要支流——湟水河的发源地,有着富饶而辽阔的草原;它更是青海"丝绸之路"南线的主要组成部分,浓郁的民族文化和闻名遐迩的古迹名胜给它披上了一件极其吸引人的神秘面纱。

然而,它的历史符号却远远不止这些,因为新中国"两弹"研制基地的建立,又给这片草原添上了更神秘的色彩。1958年,在历史的年轮里沉寂了百年的金银滩草原,在这一年的秋天开始悄悄苏醒。

艰难前行中的战斗号角

时光倒流半个多世纪,回到1954年4月19日在印度尼西亚万隆举行的亚非会议上。周恩来的发言激昂有力：

"……世界上不论是生活在哪一种社会制度中的绝大多数人民都要求和平，反对战争……他们要求禁止原子武器和一切大规模毁灭性武器。他们要求将原子能用于和平用途，为人类创造幸福。"

与其说这段发言代表中国人民的心声，不如说这是代表全世界人民的心声。然而，朝鲜战争爆发后，美国政府无视中国政府的郑重警告，将战火一直烧到中朝边境。美军上将迈克·阿瑟扬言要在中朝边境建立核辐射带。

1950年9月，美国前副总统华莱士以友人身份给毛泽东写了封信，信中说道："如果新中国在学会制造卡车和拖拉机之前，先学会了制造坦克，这将是一个世界的悲剧。"但就在这封信寄往北京的两个月的时间里，美国的飞机入侵中国12次，美国的炸弹也毫不留情地扔到了鸭绿江边。同年11月，美国将原子弹运到了停泊在朝鲜半岛附近的航空母舰上，并进行了核模拟袭击试验……

美国发出的威胁就像是压在中国人民头顶的一块阴云，让刚走出战争苦难的中国老百姓又回到了战争的阴霾之下。而这一连串接踵而至的危机也使得中国被迫付出了巨大的代价：朝鲜战争数十万中国人民志愿军的生命被夺去，给中国人民造成的负担是沉重而悲痛的。同时，美国在台湾海峡的干扰，严重阻挠了两岸的统一，并贻害至今。

1955年1月15日，毛泽东在中南海主持召开了中共中央书记处扩大会议，听取了李四光、钱三强，以及地质部副部长刘杰作了关于铀矿勘察情况和原子核科学研究的汇报。

听取汇报以后，毛泽东若有所思地点燃了一支烟，思考着，强调说："这件事总是要抓的，现在是时候了，该抓了。只要排上日程，认真抓一下，一定可以搞起来。"

这是一个伟大的决定,也是一项需要集举国之力完成的伟大事业,在决定研制核武器的那一刻起,它就成了人民的事业、民族的事业、国家的事业。

1958年5月,走马上任九局副局长的吴际霖带着苏联专家走进了金银滩草原。五月的草原依然沉睡着,几个人还是被眼前的景色迷住了:春天还没有探出头,阳光却温暖地照着这片草原。一片枯黄的草延伸到远处,山顶的白雪如同一位带着白色帽子的慈祥老人……这片位于海晏县西北5公里的河谷地带,西南方与同宝山相连,北面是祁连山支脉,麻匹河常年有水,总面积达1170平方公里,正符合221基地选址条件。

6月,审定选址报告会议召开了几天,经过多方讨论、论证、建议,221基地选定于海晏县,并报中央批准。

7月15日,221基地筹建处收到了基地定点海晏县的绝密电报。

9月,基地基础设施建设在金银滩草原悄然开始……

秋天的河南,可谓是人间仙境,黄灿灿的银杏、炙热如火焰般的红叶、分外妖娆的粉黛乱子草,将秋天装扮得格外绚丽。而清丰、内黄、项城三个地方的7000多名热血青年,却无心去享受美景,他们将要实现一个共同的目标,那就是支边青海。

同一时期来到金银滩草原的远不止这些热血青年,还有来自全国各部队的3000名转业干部和战士,以及2000多名建筑工人,他们组成了万人施工大军,昼夜不停,风雨兼程,浩浩荡荡向中国西北部这片广袤的草原挺进。

前期的队伍来到这片草原的时候,草原1279户6700多牧民,赶着17万头牛羊迁徙的余温尚在。

我们不能忘记他们。

当大队人马进驻金银滩草原后，铁道兵部队和交通部下属单位开始修建基础设施，等待他们的是更大的困难。

美丽的金银滩，蓝天、白云、雪山、溪流、野花在广袤的草原上铺展开来，让人有一种置身人间仙境的感觉。但不管草原的景色有多美，装备有多好，创业者的路总是充满艰辛和坎坷。首先，氧气在金银滩是一种稀缺资源。在这里工作和生活，就意味着在大气含氧"生命极线"下工作和生活。金银滩草原处于缺氧地带，氧气浓度仅为正常地区的60%到70%，夜间缺氧尤为严重，血氧饱和度基本在85%至92%，心率110次/分左右。在这个地方工作，不能强负荷，工作超过一个小时就会因为缺氧头晕，大脑一片空白，头痛、呕吐、失眠、鼻衄接踵而来。这是金银滩艰苦的自然条件给他们的第一个"下马威"。

自然条件的恶劣挡不住他们工作的热情，强忍着缺氧带来的不适感，选择一片背风向阳的草地，割去茂盛的牧草，搭起了三顶帐篷。从此，一场规模空前而伟大的战役就这样在祖国西陲大地悄悄打响……

所有的人每天承受着超负荷的劳动，身体不同程度地出现头晕、呕吐等常见症状，有的甚至连走路的力气都没有。生活方面，除了帐篷和一片望不到边的草原，这里什么都没有。由于气压低，水80℃就开锅，大米总是夹心蒸不熟，营养补充无从谈起。

还没有适应高原缺氧的气候，还没有看清秋天的模样，冬天就已经来了，很快青草变黄，并迅速干枯。接踵而至的是暴风雪和凛冽如刀的风。有时候，一夜的暴风雪就能把支起来的帐篷压塌，第二天起床，扫去堵在门前的雪和帐篷上的雪，重新再支起来。

草原转寒的天变得越来越阴晴不定，上午还是艳阳高照，下午狂风开始肆虐，凛冽得像一把把直戳身体的刀子。经常伴之而来的是弥漫的大雪，天地混淆成一体，分不清哪里是天，哪里是地。到了夜晚，气温直线下降，最冷的时候零下30多摄氏度，在这样的气温下生活和工作，艰难程度可想而知。但大家却以高涨饱满的激情融化着生活和工作的坚冰。

曾参与221基地建设的霍银臣说："现在想想，那个苦啊，没有办法说。工具只有铁锹、洋镐，全靠人力来完成。下大雪的时候，目之所及不到2米，200多人干活的场面，根本看不到热火朝天的景象。毫不夸张地说，大风吹起来，打得脸生疼生疼的，身子单薄的人连站都站不稳。冬天，气温下降到零下30摄氏度以下，土地冻得坚硬无比，挖不动，大家就用牛粪煨烤，边烤边挖，一天下来，累得连说话的力气都没有了。最难的就是冬天和砂浆，砂浆全都靠人工使用热盐水调和，一次只能搅拌两半桶砂浆，将拌好的砂浆用最快的速度提到二楼或三楼的脚手架上交给师傅。如果速度慢了，砂浆就冻住了，质量就不能保证。为了不浪费原材料，小工们只要看到师傅桶里的砂浆快用完时，就赶紧再去拌砂浆。工作量之大、艰苦程度之大、劳动强度之大超乎想象。超负荷的劳动强度，高寒的气候使所有人的脸都铁青铁青的，没有一点血色。吃饭时，班长和副班长将饭用盆打回来，大家就地围着盆一起吃。冬天的饭都冻成了冰碴子，馒头也冻得硬邦邦的，喝的水里全是羊粪味、尿骚味。"

从河南支边来到221基地参加基建的芦丕箱讲述了窑厂的一个故事，那时候，窑厂的条件非常艰苦，没有搅拌机等机械，所有的工作基本都是人力完成。和泥是做好砖坯最关键的环节，如果泥和得不匀，和不出劲道，烧出来的砖因为有空隙导致密度不够而达不到质量要求。

"队长,用铁锨和出来的泥达不到质量要求。咋弄哩?"工友一脸的愁容。

"咋弄哩?上脚上手。"说着,队长把裤腿往上一挽,衣服袖子撸起来,跳进了泥里。大伙一看队长跳进去了,也脱了鞋子挽起裤腿跳了进去。

经过用脚踩,用手摔拌,泥变得匀称细腻,达到了砖坯的质量要求。但没过多久,大家的手和脚都不同程度地出现裂口,鲜血直流。

伴随着艰苦工作环境的,还有饥饿。从来都没有觉得干活是一件很累的事,吃不饱却是萦绕在每一个工人心中的魔咒,时不时地就会侵吞人的意志,将人陷于绝望之中。一天6个青稞面馒头,人人都饿得直不起腰,腿脚开始浮肿。为了不影响大家工作的积极性,队长一边讲一些部队上的生活经历,一边带着大家想其他的办法补充体力。在队长的带动下,工人们没有因为饥饿而影响工作,有的人为了干活能使出劲,把裤腰带勒得紧紧的。有些队干脆来个劳动大比拼,激励大家不掉队,按时完成任务。

提起221基地,很多人都会把目光聚焦到那一朵绚丽的蘑菇云上,聚焦到在世界上确立了中国地位的核武器研制上。但还有很多人,为221基地的建设付出了他们的一生,甚至是生命。在一无所有的空旷草原,建设一个基地,各个方面的问题都需要考虑,都需要一个一个地去解决,比如厂房的建设、公路的建设、铁路的建设、生活区的建设,还有电厂的建设……

青海省委、省政府以及省军区的领导来看望时任九局局长的李觉,提出让他搬到西宁住,白天在金银滩工作的建议,但被李觉婉言谢绝了。他指着帐篷和帐篷里的炉灶说道:"这个条件比我在西藏时强多了,那时连司令员、政委住的都是挡不住风雪、抬不起头、直不起腰的帆布帐篷。好多边防战士至今还住在那样的帐篷里,烧牛粪、卧雪饮冰,他们比我们艰苦多了。你看,我现在住的帐篷这么宽敞,还有一张小桌子,比牧户的蒙古包还要好。"

在那样一个艰苦的年代,人所释放出来的能量是不可想象的,他们在最艰苦的环境中,有条件就用好条件,没条件就创造条件,硬是闯出了一条可歌可泣的创业之路。

背水一战的坚定与决绝

"沧海横流,方显英雄本色;青山矗立,不堕凌云之志",世间本就千变万化,也只有这样,才能看出谁是英雄。奋战在核研制第一线的人们,之所以能够坚持下来,源于中国共产党的引领,也因为他们的内心抱着不灭的远大志向:让中华人民共和国在世界上崛起。

1957年10月15日,中苏签订《国防新技术协定》,苏联应允在原子能工业、导弹、火箭武器、航空新技术以及导弹和核试验基地建设等方面对中国进行援助。苏联将于1957年至1961年年底,为中国提供原子弹教学模型和图纸资料,以及提供P-2导弹样品和有关的技术资料。

然而,中苏签订的《国防新技术协定》的余温还没有散去,在不到两年的1959年6月20日,苏共中央致信中共中央,拒绝提供原子弹教学模型和技术资料。同年8月23日,在二机部工作的苏联专家全部撤走。

消息传到北戴河,毛泽东说:"我们要下定决心搞尖端技术,赫鲁晓夫不给我们尖端技术,极好!如果给了,这个账是很难还的。"周恩来向宋任穷传达中央决策:"自己动手,从头摸起,准备用八年时间搞出原子弹。"

苏联毁约停止援助,给中国原子能事业建设造成的损失和面临的困难是难以估算的。按照中苏协定,苏联应援助中国建设30个核工程项目,但有23个项目都没有完成协定义务,9个工业项目被迫停工,成了半拉子工程。特别是一些关键设备和新技术材料未到货,致使一些工程无法形成生产力,迫使中国不得不组织力量重头研制生产。

兄弟般的关系已经结束,这让中国人更加明白了一个道理,指望别人来铸造核盾牌是不可能的。

1960年1月,中共中央批准二机部从全国选调105名高、中级科技骨干,加强核武器的研制工作。

20世纪60年代的第一个春天在一阵寒风的肆虐之后随之而来,为二机部九所选调的科研人员从全国各地陆续到位。这时候,已经有一直从事核科学研究的钱三强、王淦昌、彭桓武、郭永怀、何泽慧、赵忠尧、邓稼先、朱洪元、杨澄中、杨承宗、戴传曾等,有中美日内瓦大使级会谈开始后陆续从美国和西欧归国的张文裕、汪德昭、王承书、李整武、谢家麟等,还有原来分散在各高校工作的朱光亚、胡济民、虞福春、卢鹤绂、程开甲、吴征铠、周光召,以及陈能宽、姜圣阶、曹本熹、汪德熙、陈国珍、黄祖洽、于敏、秦元勋,等等。在这些科学家的带领和培养下,一支比以往强大得多的科研力量正在逐步形成,这一人才资源在不久后的攻关工作中日渐显露出巨大的威力来。

1964年初,位于金银滩草原的221基地基础建设进入尾声,生产、生活设施逐渐配备齐全。供电、供水、供暖基本走上了正轨,"草原大会战"也在冰雪连天的金银滩草原拉开了帷幕。大批科技人员和科学家也随之而来。北京九所的科研人员除理论部留北京之外,其他人员全部相继迁入221基地,科研生产全面展开,221基地进入科研生产的黄金时期，那也是金银滩草原最让人难忘和怀念的岁月。

1964年6月，在221基地六厂区进行了1∶1全尺寸爆轰模拟试验，这次试验除了铀-235用铀-238代替之外，其他全部和原子弹装置一样，这是核爆炸试验前的一次综合预演。从中午一点起，所有参与此次试验的人都把目光聚焦在六厂区爆轰试验场，五点钟左右，一声巨响，一朵火云升了起来，试验取得圆满成功。在场人员的欢呼声告诉我们："原子弹装置核爆炸成功在握！"

很多人流下了激动的泪水，在无数个日日夜夜的攻坚克难中，大家忍受着饥饿，忍受着和家人离别的痛苦，忍受着高原气候的变幻无常。今天，这一朵闪耀在天空的火云就是他们辛苦的见证，也是他们努力的结果。在"草原大会战"攻关的日日夜夜，车间的学习气氛十分浓厚，大家在干中学，学中干。不分昼夜集中精力钻研业务和查阅资料，全身心投入到方案的研究、生产和试验中，每天工作到深夜才离开车间步行回到总厂生活区。他们的努力保证了产品部件的质量达标，也为以后的技术攻关工作奠定了坚实的基础。

方正知是实验部的副主任，是做闪光X光射线爆轰物理试验的。他说："对我们实验部来说，主要是把兄弟单位的劳动成果集中在取数据上，取得各种参数。因此，在试验过程中，要非常严格，非常细致，不放过任何一个小问题。如果不能做到这一点，一个是别人的劳动成果就白费了，另外一个是在核研制的整个计划上也不允许你失败。每个试验必须在什么时候完成，这都是倒计时，一环扣一环，不允许失败的。"

周允章老人回忆道："我1962年调到九所工艺处。坐标一号加工对形状要求很高，每一点有每一点的坐标尺寸，实验部的同志经常来交底，提要求，我们就想办法加工。做出零件后，还有一个测量问题，想了多种办法，反反复复经过研究探讨和试验，最终解决了问题。那时候，我们一边做实验，一边挖防空洞，晚上搞防空演习。在工号做试验时，每当接到电话说注意隐蔽，现在不能打炮，我们就知道是美国 U-2 飞机正从我们头上飞过。"

白文治老人说："那时候，从核燃料方面说，已经生产出来了足够两颗原子弹爆炸用的原材料，六氟化铀的富集度达到 90%，天天可以出产品。还原裂变材料的工艺已经全部过关，金属加工原子弹裂变材料部件也做好了准备，一切工作都就绪了。武器方面呢，理论早就完成了，原子弹内爆式的结构也完成了，中子源制造也完成了，并在 1962 年的时候已经成功试验出了中子。原子弹武器方面的各种工艺关都已经过了，到这时候可以说万事俱备，只欠铀-235 铸件中间消除气泡这一最后的技术难关了。"

铸件上为什么会出现气泡，是气泡还是缩孔，怎么解决，很快就有了眉目。

物理实验组的毕清华和张文祥制作了几张铸件剖面的宏观景象照片，可以明显看出缺陷所处的位置，这表明是在凝固过程中产生的缩孔，而不是气泡。为了消除这个缩孔，张沛霖、徐基乾、张同星、王清辉、张文祥等人，用一种人为控制的办法，最终消除缩孔。在当时原料特别要紧的情况下，用了一个既简便又用料最少的方案。102 车间装配组完成了中子源与铀-235 的装配。

1∶1 全尺寸爆轰模拟试验的成功，让大家都缓了一口气。爱因斯坦早就说过："如果中子轰击核原子，可能引起核爆炸。"但具体在什么条件下，什么压力，什么温度，多少中子，那就要做实验了，而中国则是在核研制几乎为零的情况下，一步步摸索，成功破解。

草原奏响的大风之歌

1964年10月16日，中国研制的第一颗原子弹爆炸成功。

这一天对于中国来说，代表着崛起的开始。这一天，中国新疆罗布泊，一朵火云在一声轰鸣中翻腾、变幻，它的灼热扑向大地，它的光芒撕破天幕，它产生的影响瞬间蔓延在地球的每个角落。

一声巨响惊醒西方大国，他们终于明白中华人民共和国即便在百废待兴的艰难时刻，依然可以发挥出巨大的潜力，依然可以屹立于世界的东方。

在这一声巨响的背后，几万人的大军在亘古荒凉的长城脚下，在海拔3200米的茫茫草原，在一望无际的戈壁大漠，饱受岁月的艰辛。他们克服种种困难，经受住生命极限的考验，在物资极度匮乏的年代，顶着饥饿日夜不停地奋战在一线。可以说，在他们踏过的每一寸土地上，都浸透着他们的汗水和鲜血，那是和生命紧紧相系的。

这颗原子弹代号596。

可以说，中国人的原子弹研制完全建立在自己的科学研究基础上，自己研究，自己试验，自己设计，自己制造，自己装备，从无到有，从小到大，从低级到高级，在探索和创造中向人们诉说了一个"火"的神话。

这是卧薪尝胆的东方式激情和动力。

研制原子弹和氢弹，不仅仅是爆轰试验、点火装置，还有微秒级电雷管的研制、光谱实验、涂层实验等等，这是摆在科研人员面前的一道道难关，在"雪压冬云白絮飞"的外交困难时期，在苏联单方面撕毁协议、拒绝提供原子弹教学模型和图纸资料的艰难时刻，所有参与核试验的人背负着坚定的信念，自力更生、奋发图强、蹚过一道道荆棘，用自己的汗水和青春研制成功了"争气弹"，谱写了可歌可泣的无声誓言。

有人统计了一个数字，第一朵蘑菇云从罗布泊升起的时候，我国核科技人员的平均年龄只有29岁。他们中有很多人走出大学就投身到了核研制的道路上，每天一遍又一遍地进行着论证原理的实验，可以说，在艰难的攻坚路上，他们的世界里没有白天，也没有黑夜，只有核事业。

1994年6月15日，中国核工业总公司国营二二一厂向青海省海北藏族自治州正式签订移交协议，成为世界上第一个退役的核武器研制基地。

1995年5月15日，新华社向全世界宣布："我国第一个核武器研制基地已全面退役。这个基地位于青海省，曾为我国研制第一颗原子弹和氢弹做出历史性贡献。这个基地环境的整治，符合国家有关环保法规的要求，并已通过国家验收。目前基地原址已移交地方政府安排利用。"

那一年，这片以非凡的姿态出现在历史画卷中的土地上长出了茂盛的绿草，草原又恢复了往日的宁静。

李觉说得好："想想革命的事业，想想牺牲了的同志，个人的一切又算得了什么？"从221基地成立到撤销，曾有数万人把自己的青春岁月留在了金银滩草原，有的甚至付出了宝贵的生命，他们中有科学家、技术员、工人、老师、医生、邮递员、消防兵、工程兵、解放军战士，等等。无数行业聚集在1170平方公里的土地上，为了能够为改变祖国积弱积贫的面貌，无数人用舍小家顾大家的担当，为苦难深重的中华民族自立于世界民族之林贡献自己的力量，这是一种无上的光荣，是义不容辞的责任，也是承载中国人信仰的器皿。

历史无言,精神不朽。

毛泽东在《念奴娇·莽昆》中写道:"横空出世,莽昆仑,阅尽人间春色。飞起玉龙三百万,搅得周天寒彻。"是的,如今的中国已经不是一百多年前的中国,在科技强国的道路上、在实现民族伟大复兴的征程上,中国的脚步将会走得更加铿锵有力!

覆灭与新生

——昂拉千户归顺记

文／王文泸

王文泸

1945年生,青海贵德人,老报人、老作家。著有短篇小说集《枪手》,散文随笔集《站在高原能看多远》《在季风中逆行》《王文泸自选集》。

庄园

仲夏的一天,细雨初歇,山峦青翠。我们驱车沿着曲折小道,且行且打听,来到尖扎县东南部的一处贵族庄园——昂拉千户府。这是一处高墙耸立,两进两层的庭院式建筑,气势颇为宏伟。松木制作的廊柱梁檩、飞檐斗拱,虽经百年风雨,仍然横平竖直,端正稳固,毫无倾圮。精美的砖雕和木雕,以汉藏合璧的风格,显示着这个地区自古以来多民族文化交汇并存。站在球场一般宽广的院子中间,举目四顾,只见上下两层楼房,廊柱林立如麻,房舍接楹连椽,多不胜数。不难想象,70年前,这座庄园里厮仆如云,骏马满厩,堂上一呼阶下百诺的盛景。也不难想象曾有两度春秋,房上门前,岗哨持枪警戒,楼下大堂灯火通明,各色人物通宵商议反叛策略的情景。

青砖铺就的大院里有两处钢管围封的浅坑。近前一看就明白了:这是当年战事留下的一处遗迹。

……对于负隅顽抗的昂拉匪徒,人民政府在开喻百端、劝说无效的情况下,不得已而诉诸武力。人民解放军第一军的一支部队,在一次次击退敌匪武装的抵抗之后,于1951年5月的一个傍晚,逼近土匪大本营昂拉千户府。面对大军进剿，匪徒们并不怯阵。他们自恃弹药充足，居高临下，人多胆壮，气焰颇高。待解放军进入射程范围，一声令下，房顶上机枪步枪一起开火，火力还真有点强悍。

但他们哪里知道，他们面对的，可不是一般的对手，而是一支经过长期战争洗礼、训练有素、装备精良、能征惯战的队伍。

解放军决定给叛匪们一个威慑。炮兵班迅速找好隐蔽位置，熟练地架好炮位，炮手伸出拇指测距。这情景颇有点像电视剧《亮剑》中的那一幕：李云龙部下的那个炮手在只有两发炮弹的情况下，用拇指测定对面山头上鬼子联队指挥所的距离。

连武器也是同一种型号：60毫米迫击炮。

60毫米迫击炮是拆解后便于单兵携带的轻型火炮，它具有仰角高、弹道弯曲，操作便捷的特点，适合打击近距离目标。

班长命令炮手：别忙开炮！把距离测准，不要毁坏房屋，往院子中间打！

年轻而老练的炮手，伸出右手拇指，两眼交替闭合（这叫跳眼测距法），同时调整炮管仰角，接连两发炮弹，越过高高的大墙，落在千户大院中间。轰轰两声巨响，院内烟尘冲天，窗棂震颤，梁土掉落。

匪徒们第一次见识这种厉害的武器，不由大惊，纷纷夺门而逃。

而这座始建于清代的贵族庄园，除了院子中间那两个浅浅的弹坑，一椽一柱都完好无损。

在大院的东西厢房，一些工作人员正在忙着布展。根据有关部门规划，"昂拉千户府"即将成为一个新的爱国主义教育基地。

在东厢展室的一面墙上，我第一次见到了故事主角项谦的照片。这是一张放大了的半身照。其人方面大耳，深目高鼻，海口方额。虽然图像不够清晰，但还是不难看出一脸桀骜之气。

站在这里，我想，在1949年至1952年，长达两年半时间里，照片上的这个人，是经过了怎样是非难辨的煎熬、怎样反复无常的盘算、怎样铤而走险的盲动，直至穷途末路，才归向人民政府的！

正在布置的展柜里，赫然陈列着一张远年的《青海日报》。《青海日报》是我曾经供职三十多年的媒体。看到它，感到格外亲切。赶忙凑过去，隔着玻璃俯身细看。这是1952年5月21日第一版，在醒目位置刊登着一条以大号铅字标出的消息：

成立昂拉区安置委员会领导救济等工作
昂拉区人民庆祝剿匪胜利
当众释放俘虏七千多人使回家安心生产

虽然当时剿匪大局已定，但是截止这条消息发稿时，项谦本人尚未投降。这位巨酋带领败退后的人马，藏匿于深山密林之中，继续抗拒解放潮流。

巨酋

世袭千户制度，是封建王朝管理少数民族地区的一种政权形式。千户职位由朝廷封授，受地方政权辖制。千户具有朝廷命官和部落头人的双重身份，权力极大。在部落内，千户负责决定所有重大事项，有权裁决民事纠纷，颁布政令，征收赋税，摊派徭役，拘禁或体罚百姓，等等。说白了，就是个不折不扣的土皇帝。

昂拉千户，也称昂拉八庄千户长。千户头衔加了一个"长"字，地位当然更为显赫，难怪这座千户府的规模如此"法码"。

出生于 1903 年的项谦东智，在他 28 岁时老爸去世，他就顺理成章地承袭了官爵，成为昂拉八庄的第七代千户长。

这位继承者体格魁梧，性格强悍，并且嘴巴利索。治下的百姓对他敬畏有加，而他自己更是把这块山峦深邃、森林茂密、宜耕宜牧、地僻路险、外部力量难以进入的领地视为自己的独立王国。以至于新中国成立都一两年了，他竟然视人民政府的政令如无物。比如，省政府关于严令禁止种植鸦片的法令已经在全省执行，唯独项谦属下的昂拉八庄照种不误，并且变本加厉，种植面积还在扩大。一到夏天，艳丽异常的罂粟花朵在田野里随风摇曳，仿佛就是对新生政权的嘲笑。他可以随时命令百姓封锁道路，不让政府人员进入。不仅如此，他还完全不顾属下人民生产生活的需要，禁止老百姓外出销售畜产品，买回生活必需品。

为了武力抵抗人民解放军进入昂拉，项谦发布命令，要求村村修筑工事，家家购买枪支。1951 年 7 月，他进一步严令各村：对没有购置枪支者罚白洋 10 元；私自卖出枪支者除没收外，罚白洋 20 元；敢于在家中接待"中原人"(指政府工作人员和解放军)者罚白洋 50 元；敢于留宿"中原人"者罚白洋 300 元。

在他统治下，昂拉八庄的百姓生活日益艰难。不少人家因为交通封锁，半年多时间没有盐吃。天寒地冻，在他策划布置的 3 道山梁、6 个路口上，站岗放哨的年轻人破衣烂衫，抱着步枪冻得瑟瑟发抖，有的人脚被冻伤、溃烂，落下终身残疾。

项谦对于时代潮流、对于人民政府的抗拒行为，很大程度上源于他对外部世界的惊人无知，而对自己的夜郎国信心十足。试想，在这样一个由黄河和大山阻隔的封闭环境里，他得不到任何真正有价值的信息，而马步芳残余势力渗透进来之后，利用他的这一致命弱点所做的反动宣传，无论怎样荒谬不伦，都成为他判断世事变化的唯一参照，他既没有别的渠道去验证其真伪，也没有能力做出综合分析判断，只能凭自以为聪明的可怜头脑，在错误的道路上越走越远。

逆流

1949年9月5日，中国人民解放军挺进青海，西宁和平解放，马步芳家族在青海长达40多年的统治彻底崩溃。不甘心失败的青马残部，遵照马步芳出逃之前"刀枪埋地下，战马作耕牛"的指示，流窜各地，利用部分群众对新生政权的疑惧心理，大肆造谣煽动，乃至挟裹群众，在多地掀起武装叛乱。人民政府和驻青解放军都坚决予以镇压。至1950年3月，各地叛乱相继平息。但是漏网的青马残部军官和步卒四百多人，躲进了贵德昂拉地区（其时尖扎尚未设县，隶属于贵德县第六行政区，简称六区），拉拢煽动千户长项谦与新生政权抗衡。他们大肆散布谣言，说"共产党来了就要消灭宗教，就要把寺院烧光、阿卡杀光"。一时间，信教群众和宗教人员都惶恐不安。

与此同时，人民政府也在积极争取项谦。通过写信劝喻、邀请来宁，或是委托在涉藏地区有威望的民主人士前去访问等形式，希望他回归到人民方面来。

眼光如井底之蛙、却又有着相当大影响力的项谦，难以正确地审时度势，总在左右摇摆中煎熬。他有时也会有短暂的正确选择。比如1949年9月，当他听说人民解放军攻克兰州，渡过黄河，已经到达循化时，曾派出代表带着礼品前去向解放军致敬，这很让官兵感动。但后来的事实证明，这仅是一种观察和试探，他想知道"红汉人"到底是个什么模样。1950年8月，在青海省人民政府的争取下，一直不敢来西宁的项谦,鼓起勇气,以省协商委员会委员的身份,来西宁参加省人民政府副主席马朴的吊唁活动。期间,向军政领导人汇报了昂拉地区藏族群众的生产生活状况。省府各领导抓住这个难得的机会,向项谦表示热忱欢迎,向他详细解释党的民族政策,鼓励他不要受敌人蛊惑,要一条心跟着人民政府走。项谦表面上"呀,呀"地答应着,其实怀揣二心,并没有真正的诚意。

项谦当时的政治态度是基于对两种力量难以选择、举棋不定的押宝心理。所以在一定的条件下反水是必然的。

青马残部和土匪势力选择昂拉地区作为卷土重来的根据地,也是有充分考虑的。其一,昂拉地区山高林密,地形复杂,易守难攻,是理想的军事依托地。其二,项谦自小到大囿于封闭的独立王国,对外界一无所知,且非常担忧共产党对民族和宗教的态度,很容易被煽动。其三,项谦作为世袭千户长,对昂拉地区的老百姓有很强的控制力,非常值得利用。其四,马步芳残部携带有大量武器弹药,作为支援项谦的物质力量,容易赢得对方信任,增长其反叛决心。

项谦与马步芳势力的交集也有着历史渊源。早在新中国成立之前,项谦就与马步芳部下的高级军官马老五、马全彪、谭腾蛟,以及土匪头子宗吾加洛等结为至交。1949年,恰逢昂拉千户府重新修葺,流窜到昂拉地区的青马残部和匪首,利用这个机会,以恭贺千户府竣工为借口,来到昂拉谒见项谦,慷慨地送上大礼:金银、步枪、机枪、马匹等等。这些东西很能打动项谦的心。不仅如此,他们还帮助项谦贩卖鸦片,购买军火。

于是,项谦从西宁回来不久,彻底反水了。

他公然包藏青马残余军官,参加了"中国国民党西北革命委员会",自任委员;兼任"反共救国军"第二军军长,煽动昂拉地区藏汉群众对抗人民政府。从1950年6月到翌年7月，昂拉地区的武装叛乱一波接一波。土匪武装阻塞通往周边地区的交通要道，不断袭扰邻近尖扎的化隆、循化、同仁等地区，杀人越货，抢劫粮食牲畜，以此补充生活给养。甚至猖狂地向政府驻地和解放军驻军部队进攻，杀害地方干部和解放军战士，气焰极为嚣张。项谦自称昂拉地区是"小台湾"，企图让昂拉脱离国家管理，变成彻底的封建割据地区。

劝喻

昂拉地区的形势已经十分严峻。剿灭这股嚣张至极的势力，避免政府工作人员、无辜群众和解放军继续遭受伤亡，还昂拉地区一个和平安定的环境，帮助极度贫困的群众恢复生产，已经势不容缓。而深受马匪残余势力荼毒的穷苦百姓，也渴盼着早日肃清这帮恶魔，过上太平日子。

在全国已经解放的形势下，以我人民解放军的武装力量，剿灭昂拉这个弹丸之地的反革命势力，毫无悬念。但是，军事行动必然会对民族、宗教以及周边涉藏地区产生巨大心理影响。党中央、西北局对于解决昂拉问题十分慎重。多次指示，在解决昂拉问题上，必须把民族问题同反革命叛乱严格区别开来。项谦这个人在叛乱中既有反动的一面，也有被人利用、可以争取的一面，对他必须耐心等待和争取。

根据中央精神，青海省委省政府在广泛征求党内外人士和各民族代表人物意见的基础上，以青海省人民政府主席和副主席联名信形式，向项谦晓以大义，喻以利害，示以正途。信中大意如下：

"……按项谦罪恶，早应予以国法制裁。但人民政府认为你上了外来特务土匪的当，故始终采取争取方针……希望你能切实改过，决然与特务土匪脱离关系,速将匪首捕交人民政府,并协助人民政府剿灭昂拉地区特务土匪,人民政府仍然保证你的生命财产安全,保留你的千户和省协商委员会委员职位……"

省政府把送信的任务交给了办事沉着稳重的副秘书长刘呈德和精明干练、善于辞令的海晏县县长同曲乎。二人骑马挎枪,晓行夜宿,翻越拉脊山,渡过黄河,于第三日中午来到昂拉地界。在经过数道岗哨盘查之后,才获放行,抵达昂拉八庄,来到千户府。

项谦看了省政府的信件后不置可否。只是说:"你们喝茶,你们喝茶。一路辛苦,今晚好好休息。明天一早我安排人把你们护送出去。"

那意思很明确就是逐客令了。

第一次劝喻无果。但党和政府争取项谦的决心没有动摇。从那时开始,一次又一次,委派政府代表、民主人士和宗教界代表前去昂拉千户庄园协商,并真诚邀请项谦来西宁,当面与省领导沟通交流,但项谦均以种种借口拒绝。即使是像喜饶嘉措、夏茸尕布这样在佛教界名望很高,且又在省政府和省协商委员会任职的人物前去苦口婆心做工作,项谦的态度仍然像一块顽石。

整整一年多,争取工作仍然在继续。三次、四次、五次……到了第八次,省委省政府派出11位代表前去昂拉。其中有省协商委员会副主席扎喜旺徐、马良,十世班禅代表、塔尔寺代表、省政府委员兼省人民监察委员松布、省协商委员会副秘书长古嘉赛以及各族各界代表。他们郑重地将信件递交给项谦,一再表示,党和政府一定会保证宗教信仰自由。只要项谦与外来土匪脱离关系,协助人民解放军捕捉匪首,肃清土匪特务,撤除岗哨,填平工事,让老百姓安居乐业,人民政府将保证他的生命财产安全,保留千户长和协商委员会委员职位。十世班禅在信中以宗教领袖身份谆谆开示,劝他迷途知返。面对如此高规格的访问，项谦始终哼哼哈哈，顾左右而言他，不做正面回答。见此情景，松布活佛强压怒气，以极为庄重的语气说："今天当着这么多有头有脸的人，你要是还不相信政府说的话，我给你把咒吃哈，字据写哈，手印拓哈！成不成？"

"吃咒"是藏族民间保证诺言兑现或自证清白的一种最高形式。民众深信，"吃了咒"的人如果食言，必遭天谴。因此不到万不得已不会采用这种形式。松布是一位有声望的活佛，他愿意以吃咒具结来表达诚意，其心之诚已经无以复加了，但是项谦仍然不为所动。

见此情景，马良副主席有点着急了，不由多说了几句。不料项谦突然发怒，他指着马良的鼻子骂道："你们口口声声要我跟匪特脱离关系，我不知道匪特在哪里！我看你就像个匪特！"

他喝令手下人把马良副主席推到院子里，置于大太阳底下暴晒。

项谦的横暴让代表团的人深感震惊，他跋扈到连最起码的交际礼节都不要了！看来此人已经无可理喻，回去给省委省政府如实汇报就是了。而在代表团即将离开时，古嘉赛活佛发现，远处有6个骑马背枪的人，顺着林间小道疾驰而去，眨眼消失在山道拐弯处。古嘉赛警觉地意识到，从今天项谦对马良副主席的态度看，这家伙是不是要在半路上设伏，对马良下毒手。古嘉赛让其他人在原地稍等，他调转马头，迅即返回千户府，质问项谦那几个人是干什么的？项谦连连辩解，"那可能是出去放哨的人，你们多心了。"看到项谦闪烁的目光和心虚的神情，古嘉赛严厉地说道："千户长你听着，你如果是个光明正大的男子汉，就要做光明正大的事情！你今天对待马良副主席已经太过分了，回去的路上，马良副主席如果有个三长两短，你要负全部责任！从此以后，你的名声臭完哩！你心里要是没有鬼，你今天敢不敢吃咒？"

179

项谦不敢吃咒。在古嘉赛面前,他也不敢太放肆。送走古嘉赛后,他立即悄悄派人撤回了那几个准备行刺马良的枪手。

代表团一行回到西宁,义愤填膺地向省委省政府主要领导汇报了此行的情况,并一致认为,人民政府对他已经做到仁至义尽,一连八次好言相劝无效,足见其与新政权为敌到底的决心,对他再也不能抱任何希望,武力解决才是唯一的途径。

根据这一情况,青海省委省政府请示中共西北局,提出武力解决昂拉问题。西北局书记习仲勋明确指示,不能打!要耐心等待,继续争取。项谦如果争取过来,会对川藏康地区藏族部落的头人产生积极的教育示范作用。

于是,第九次、第十次、第十一次……争取项谦的工作继续进行。在山深林密的昂拉山区,迤逦曲折的山间小道上,自夏泊秋,自秋入冬,不断有来自省城的政府代表,骑马前行,通过重重哨卡盘查,前去千户庄园……

然而耗时两年多,前后17次的劝解、宣传和保证,最后的结果只有两个字:无效!

不打是不行了。

进剿

1952年5月1日,全面清剿昂拉土匪的战役打响。人民解放军兵分四路向昂拉地区进击。事前已了解到项谦拥有匪众2100多人,长短枪2000多支、轻重机枪13挺、82迫击炮2门,并且弹药充足,其力量不可小觑,远非山头毛贼可比。对此,解放军做了充分准备,共调集骑兵、步兵、炮兵一万多人,以北路部队为主攻方向,以羊皮筏子秘密渡过黄河，迅速占领有利地形，与土匪展开激战。南路、西路和东路的骑兵部队在风雪交加、山路难行的情况下不顾疲劳，奋力前行，围追堵截，击毙和击溃大量匪众。由于该地区沟壑纵横，山道交错，林木茂盛，利于隐蔽和逃脱，项谦竟带领数十名匪首逃出包围圈，躲进森林。其余土匪队伍兵败如山倒，除四散溃逃的外，共有264人被击毙击伤，467人被俘虏，864人投降。缴获各类枪支1000多支、各种枪弹29000多发。短短几天时间，项谦经营多年的武装据点灰飞烟灭。

胜利是用鲜血换来的。在昂拉剿匪战中，我解放军指战员有89人牺牲，71人负伤。

救济

1952年5月9日，中共青海省委发出《对尖扎区目前工作的方针与具体工作安排问题的指示》。明确要求，安抚群众情绪，争取大小头目，把打击重点放在外来土匪上。对俘获的当地藏族大小匪首，应格外从宽，不法办、不关押，令其招降散匪，立功赎罪。对被挟裹加入土匪的群众俘虏，随审查随释放，只缴枪不缴马，令其牵回家用于生产。对于部落官人和寺院大喇嘛，应认真争取，让他们出面做工作，早日安定社会秩序。

《通知》还指示，对于项谦及逃窜之匪，务必组织骑兵部队跟踪追击，彻底解决。

《指示》还特别强调，要大力进行救济工作。

经过一番紧张的筹备，由青海省和贵德县有关部门领导以及寺院活佛带领的医疗队、贸易队、救济队和电影放映队，陆续抵达昂拉地区。

昂拉地区的穷苦百姓，受压迫之苦和封锁交通之苦太久了。这几支队伍的到来，对他们简直是雪里送炭。医疗队临时搭起的帐篷前，前来就诊的患者络绎不绝。考虑到群众的穷困，开药打针全都免费。短短半个多月，就诊治了三千多病人。对于一些危重病人，医疗队使用了盘尼西林、六〇六等贵重药品，挽救了他们的生命。得知项谦的母亲卧病在床，医护人员专门前去，细心为其诊疗。救济粮发给那些即将揭不开锅的人家，包括死亡的叛匪家属。此前由于交通封锁，羊毛和皮张卖不出去，多少人家衣服烂了买不到一尺布；脚指头冻伤了买不到一双鞋；饭做熟了没有一粒盐。现在，政府组织的贸易队把这些生活必需品送到家门口，价格又那样低廉，怎不叫他们感慨万分！解放军指战员还帮助缺少劳力的人家打墙、拔草、灌溉。在活生生的事实面前，一切谣言烟消云散。

归来

项谦虽然逃进了森林，但他逃不出去。如果强攻，双方必然互有伤亡；如果继续围困他，等他生活给养耗尽，只能是死路一条。但政府仍然想争取他。经反复研究，派出曾经参加叛乱、被俘后宽大释放的土匪头目完德太等11人，带着昂拉八庄群众和项谦亲属的信，去大森林寻找项谦。他们找到了，劝说了，但项谦态度仍然游移不定。政府没有放弃，再次组织项谦信得过的人进入森林。

终于，1952年7月21日，项谦带着亲信11人走出森林，向政府交出了武器和马匹，表示愿意归向人民政府。政府代表在安慰了他之后，并没有要求他吃咒发誓，只是让他回自己的庄园和家人团聚。

项谦回到庄园，看到房舍完好，财产无失，惭愧之情油然而生，更由于老母亲向他诉说医疗队救治她的一切细节，内心不由地波澜翻滚。他思前想后，羞愧难当，痛下决心，这一回再不悬崖勒马，那真是对不起天地、人民，也对不起自己的亲娘老子了。

同年7月31日，项谦来到西宁，受到党政领导人接见。8月10日，省政府安排他去兰州，出席西北民族学院干部培训班毕业典礼晚会，会上他向西北局书记习仲勋、中央民委副主席汪峰以及甘肃省党政领导人敬献了哈达。11日，习仲勋为项谦举行招待宴会，勉励他今后一心一意为人民服务。随后又安排他去西安、北京参观，并且受邀参加国庆观礼。面对从未想象过的外部世界，项谦第一次感到自己的孤陋寡闻、荒唐幼稚，以及由此所犯种种错误，想起以前的罪恶，心里再也难以平静了。他决心从此洗心革面，努力为人民工作，弥补自己的过失。

项谦归向人民政府后，1953年当选为尖扎县县长，后又担任黄南藏族自治州副州长，做了许多有益的工作。1958年病逝。

年轻的生命依然在路上
——贵南县门合纪念馆

文/李万华

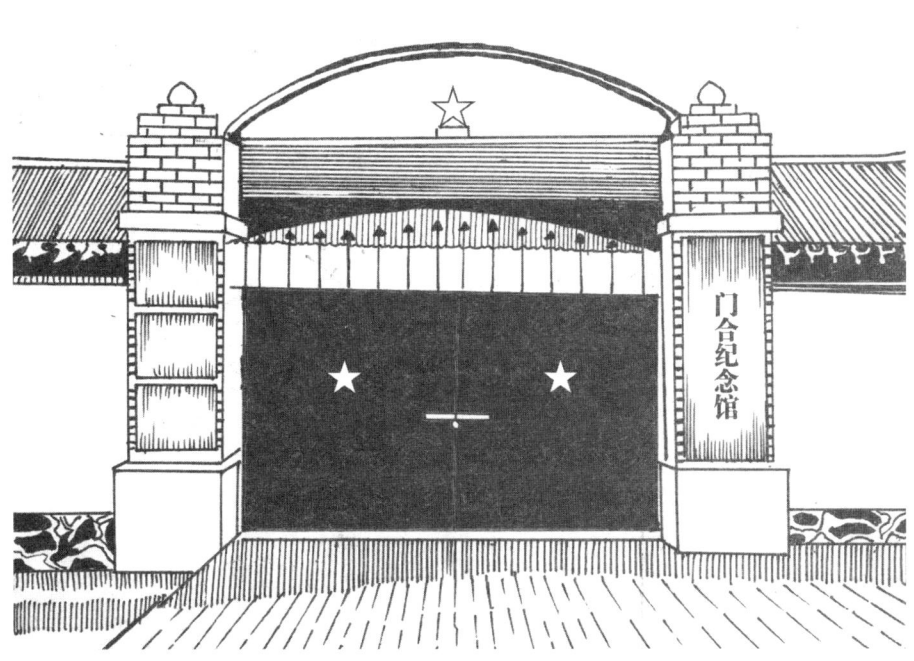

李万华

1972年生于青海,中国作协会员,鲁迅文学院第22届学员。出版散文集《西风消息》《金色河谷》《丙申年》《焰火息壤》等。获第十八届百花文学奖,第七、第八届青海省文学艺术奖。

一

时空倒流至1967年9月，青海省贵南县巴仓农场。9月正是农场的秋收时节，田里青稞穗头低垂，根根麦芒反射耀眼亮光，油菜荚饱满，如果捏一捏，会"噼啪"一声溅出黑色籽粒。田埂的披碱草也已成熟，人们走过时，草籽将自己倒挂在人的裤脚上，试图四海为家。牛羊在远处山坡，山峰连绵，鹰隼也在那里。农场平阔，一直向山脚匍匐，人们试栽的苹果树偶尔一小片点缀在农场上。

丰收的喜悦激励着人们，同时，隐隐不安也在滋扰人群。

高原气候多变，尤其夏秋时节。往往早晨还是一碧千里的天空，午后突然卷起乌云，雷电交加，狂风大作，最怕的，是冰雹突至。如果密集的冰雹袭击农田，会使青稞倒伏，穗头被雨水浸沤，油菜荚也被砸落，一年的辛苦瞬间化为泡沫。发射防雹土火箭是唯一可以化解冰雹灾难的办法，一枚土火箭携带催化剂在浓云中爆炸，可以消雹降雨，保护丰收在望的庄稼。

跟以往的每一天一样，9月5日的到来没有任何不同。上午9点，时任青海省公安总队第四团二营副政治教导员的门合和他的战友以及抽调的二十几位农场职工走进防雹土火箭的试制厂——一个仓库。不久前,他们接受了试制一种驱云防雹土火箭的任务,接受任务后,门合和巴仓农场的干部职工一直忙碌在试制场上。经过多次努力,土火箭已经研制成功,经过了多次实验,现在开始正式装置土火箭。

进入仓库,门合将大伙集中到一起,再一次强调此项工作的危险性,反复叮嘱操作工序时需谨慎小心,切不可大意。装置工作开始了,何秋生等同志将芳香液绑好,递给门合。门合的工作是将两种炸药拌合在一起,然后装进火箭筒里,这是整个装置过程中最危险的一道工序。等门合装好炸药,再把土火箭转移到田永庆等同志身边。田永庆等同志的任务是给土火箭扎牛皮纸的帽子,等帽子捆扎好,这枚土火箭就装置成功了。

这一天天气不好,加之工作任务的危险,仓库内气氛严肃。土火箭装了一枚又一枚,就在紧张忙碌的时候,堆在地面的炸药忽然闪出火花。装置工作再怎样谨慎,不可控的事情还是发生了。炸药一旦爆炸,土火箭也将爆炸,连锁反应的结果将不堪设想,它不仅仅是毁掉所有的土火箭和炸药,毁掉仓库,更重要的是在场27位群众的生命。在此危急时刻,门合站起身来,不顾一切,扑向炸药。

轰然一身巨响,炸药爆炸。仓库在爆炸声中剧烈摇晃,气浪腾空掀起的硝烟瞬间弥漫整个空间。片刻的地动山摇之后,当其他人从硝烟中摸爬出来,唯独不见门合身影。

硝烟未及散去,紧张的搜救工作开始。只见炸药爆炸的地面已被炸出一个大坑,泥土四溅,烧焦的不明碎屑随处都是,空气中全是刺鼻的气味。经过一番搜寻,人们终于在距离爆炸中心四米外的墙角找到门合。此时,门合已经没有了呼吸。

门合身上的衣服被炸碎,帽子和衣领的碎片在气浪的冲击下不知飞到何处。他的腿已经断裂,鲜血涌出。除了腿,门合身上的伤主要在胸部。时任二营卫生所所长、抢救组组长的魏四虎检查门合的身体时,发现门合的四根肋骨被炸断,心脏也被炸坏。

原来当门合扑向炸药堆时,炸药爆炸,气浪将门合掀起,摔到大约四米高的墙上,又从墙上摔下来,折断了腿。人们后来才发现,门合的帽徽被气浪直直打到仓库的梁上,嵌了进去,没办法用手拿下,最后用钳子才将帽徽取下。门合的鲜血一直溅到墙壁上,斑斑点点。

在场的27名群众,除几位受到轻伤,均安然无恙。他们包括巴仓农场子弟小学的教师何秋生,五连卫生员董麦刚,巴仓农场会计田永庆等。

1967年9月5日,门合牺牲时,才39岁。一个年轻的生命。

门合舍己救人的英雄事迹很快传遍全国,事迹刊载在《解放军报》《人民日报》等各大报刊,录入小学语文课本。人们用各种方式缅怀这位临危不惧、舍生忘死的年轻英雄。1968年4月23日,中共中央、中央军委发布命令,授予门合"无限忠于毛主席革命路线的好干部"荣誉称号,并号召全军指战员向门合同志学习。兰州军区党委为门合追记一等功。

二

门合,1928年11月26日出生于河北省涞源县北石佛乡南上屯村一户贫困农家。1941年,门合的父亲加入中国共产党,进行党的地下活动时,门合常替父亲传递情报信件。1946年,在党组织培养下,门合加入"青教会",带领村里的青少年站岗放哨,传送情报。1947年,门合成为一名光荣的共产党员。1948年10月,门合参军入伍,在北京中国人民公安部队机关任机要通信员,后调至天津总队第一团手枪连,历任十一班班长、四排排长。1958年11月,手枪连随一团全体官兵奉命调往青海,番号改为青海省公安总队第四团二营五连,门合历任五连指导员、二营副教导员。

在部队,门合始终以党的纪律严格要求自己,关心战士,乐于助人。"门合最大的特点就是爱兵如子,到部队以后对战士很关心。"(袁忠孝)"我记得最清楚的就是晚上十点以后,战士们都休息了,门合一个房间一个房间帮战士们挑脚泡,他说这样把水泡里的水放了,用酒精消了毒,会好得快一些。"(魏四虎)多年后,当门合的老战友们回忆起门合在部队的生活,他们记得的始终是门合对同志们无微不至的关怀。

1961年,门合随团来到贵南县巴仓农场。1961年至1967年的六年时间里,门合和战友们不辞辛劳,常常深入牧民家里。据老人们回忆,虽然语言不同,但门合对人亲切,平易近人。如果遇到假日,门合会邀请牧民到农场做客,而当牧民遇到转场或农忙时,门合和战友们会及时出现在草场地头。他帮牧民做活,教牧民学习文化知识,帮助牧民扩大视野。六年时间里,门合将村庄牧场当成了自己的家。

"当时我十几岁,就知道门合这个人很好,每年都到我们村里来干活。"塔秀乡达茫村村民久巴回忆起门合时如此说。"这个地方当年是一个青砖窑,门合和群众同劳动同吃住,自己动手烧制青砖,为村庄的建设不辞辛劳。"巴塘新村村民拉麻杰布对门合也是记忆犹新。

当年,村民大多住土坯房,如果遇上阴雨天,漏雨、粮食被淋等问题时常出现,门合为了解决这一问题,主动为村民修建房屋。他和战友们修建一种"石头房",就是呈拱形的石窑洞,不高不大,因为没有机械设备,修建花去近两年时间。在郭玉乎村和麻格塘村之间,有一条河，孩子们上学，大人放羊干活经常受阻，门合便和战友扛起铁锨，修建了一座木桥。门合牺牲后，贵南县政府翻修木桥为石桥，取名门合桥，以示纪念。那些年里，每当汛期来临，门合便日夜操劳在防汛第一线。他常常挽起裤脚，冒雨走过泥泞小路，一个单位一个院子地排查，及时发现情况，及时处理。

在巴仓农场，门合的大女儿出生，门合给她取名门小青，大儿子出生，门合给他取名门青仓。两个名字的寓意不言而明，门合时刻都不曾忘记自己扎根青海、奉献巴仓的决心。

多年以后，当门小青回忆起父亲的时候，说："我父亲牺牲后，兜里一共找到六块钱，是全部家产。听母亲说，父亲经常给战士买东西，家境特别困难的，父亲也不和战士说，也不署名，直接把钱寄到人家家里。每天晚上学习完了，熄灯之后，父亲一个一个检查，给战士们盖好被子，看谁的袜子破了，衣服破了，拿到自己屋里，点个小煤油灯，拿起针线缝补。"

三

2019年9月20日，我终于来到当年的巴仓农场。

9月下旬，塔秀草原秋意已浓。不知是哪一日的雪已经落在高处山巅，天气时阴时晴，雪峰明明暗暗，沟谷深深浅浅。山坡的草已变黄，是那种尚未熟透的黄，草色不均匀，黄中带些斑斑驳驳的绿。山峰透迤，山下大片草原。草色同样不匀，比起山上的草，平地的草更绿一些。这是海拔的缘故，高海拔的严酷在此处显而易见。牛羊在草原上散开来，带着世事不知的安详。偶尔有牧人帐篷出现，汽车停在帐篷边，黑色藏犬守着帐篷和牧人。

渐近巴塘新村,农田出现。种植的多是青稞,青稞已成熟,尚未收割,饱满的穗头令人喜悦,麦芒闪烁秋光,油菜也已成熟。不见忙碌的人,路边电线杆上,叽叽喳喳一群麻雀,正在等待偷食。巴塘新村建在原来的巴仓农场上,去巴塘新村,先看门合桥。

当年门合和战友们修建的木桥早已不见,出现在眼前的,是坚固的石桥,茫拉河的一支支流从桥下流过。此时河水不大,卵石裸露。河堤经过修葺,河两岸草木密布,多是青杨,树不高,有些为新栽。桥一侧有两块醒目石碑,石碑上是红色油漆书写的"门合桥"三个字。油漆已经剥落,字体依稀可辨。蹲下身,抚摸冰凉石碑,想象当年门合和战友们手握铁锹修桥的身影,都是激情满怀的年轻人,带着建设青海的热忱,在此处流血流汗,如今物是人非,只有石碑可供凭吊。

车子慢慢行驶,迎面过来一群羊。肯定不是当年塔秀草原上的原品种了。眼前的羊,个大,毛色混杂,一看就知是经过培育的品种。巴塘新村像任何一个高原上的村庄那样出现:砖砌的庄廓、电线杆、青杨树、偶尔翻飞的经幡、水泥路旁是熟悉的草木。20世纪60年代,这条路应该还是窄小的土路,雨天泥泞,干旱季一路飞尘。现在,路已翻新,即使大风刮过,路上也不再扬尘。这是英雄门合曾经走过的路,头顶同一轮太阳,曾将门合的身影留在大地上。

门合纪念馆修建于2018年,投资165万元,占地面积680平方米,是按照20世纪50年代巴仓农场的原貌所建,共有展品300余件。纪念馆外还在进一步修建,我到达时,有人正忙着用三轮车拉砖块。围墙外的砖地经过雨水洗涤,干净整洁,靠近围墙的地方,有小黄花开出来,俯身细看,是一种叫千里光的花。千里光耐寒耐旱,林中、草地都可见到,植株虽小,开出的小黄花却朝气蓬勃。不论名字,还是花瓣喷薄四射的样子,千里光都是一种高原精神的体现。

纪念馆前栽植的松柏尚未茁壮，松柏围绕着门合的雕像。雕像是门合扑向炸药时的定格，是门合身前最后的姿势。他伸开双臂，毫不犹豫地向炸药堆扑去，他的目光坚毅，没有丝毫犹豫。来瞻仰的人们仰头看他，静默无言。门合的身体可以被炸药摧毁，但他舍己为人的精神，如茫拉河的流水，如凤凰山顶的白云，始终存在。

展馆由当年的厂房改建而成，两扇大门，几扇小而高的窗户。光线欠佳，馆内有些阴冷。纪念馆有序地分成五个功能区：英雄门合展区、国防教育展区、气象知识展区、农耕文化展区和党员誓词区。门合展区展出的主要是门合的遗物遗像，门合事迹的相关资料。图片、实物、20世纪60年代的相关报刊、书籍、著作、语录、像章等，它们虽然静止在玻璃展柜中，却在努力还原一个曾经鲜活的生命，一个曾经热烈的年代。门合点过的油灯，用过的望远镜，读过的书，学习过的报刊，抄过的笔记本，喝过的茶杯，提过的水壶；门合生前的照片，英俊的容貌，整洁的军装；门合牺牲后的照片，被炸碎的上衣、裤子，墙上的血迹，地面炸药炸出的坑，战友送来的花圈和挽联……它们以时间静止的方式，呈现门合生前的某一个生动瞬间，它们无一不在地讲述着英雄门合的事迹。

国防教育展区的展品有20世纪60年代的解放牌汽车、三轮摩托、半自动步枪、重机枪、轻机枪、迫击炮、40火箭筒、80望远镜、电台、马具、单片等，都是难得一见的老旧物资。气象知识展区主要展示的是20世纪60年代的土火箭、火箭弹，相关的弹药和大量的实物、图片资料。农耕文化展区主要展示的是20世纪60年代的大型55拖拉机、24行播种机、整压机、链轨犁、二牛抬杠、铁锹、镰刀、草帽等农耕装备。这些展品同样浓缩了一个时代的变化，见证了门合和他的战友，以及农场职工为保丰收、增产量而殚精竭虑的时时刻刻。从那些老旧的农具前一一走过，眼前会出现一个手握镰刀、头戴草帽的门合形象，他高大的身影曾忙碌在巴仓农场的每一个角落。

门合纪念馆也有拖拉机、推土机等20世纪80年代的大型农机和生产工具展出，这些展品同样见证了巴塘新村发展变化的过程。

门合纪念馆还陈列着中国共产党建党初期一些重要战役和会议的画册，有藏汉双语的入党誓词墙，开辟党员誓词区。现在，门合纪念馆已经成为贵南县爱国主义教育基地。接受教育的人们，从不同地方来到这里，聆听门合的英雄事迹，学习和弘扬革命先辈不畏艰难、勇于献身的精神。

纪念馆一角，是当年巴仓农场曾经的储粮仓。泥砌的圆形屋子，土墙皮剥落，木门陈旧，屋顶青瓦缝里长满枯草。这里曾经粮食满仓，曾经有无数粒种子运出去，在贵南的大地上生根发芽。

当我从纪念馆出来，离开巴塘新村时，太阳又从云层后面钻出，9月的阳光还有一些温暖。车子行驶不久，当我回头，从车窗再次凝望英雄牺牲的地方时，看见高原常有的天气现象：巴塘新村的上空，一团浓云腾起，预示一场暴雨即将来临。当年，就是这样多变的天气，这样容易起雹灾的季节，门合和他的战友们，还有巴仓农场曾经的职工们，在反复无常的天气中抢夺过粮食。

"对一切为党、为国家、为人民做出奉献和牺牲的英雄模范人物，我们都要发扬他们的精神，从他们身上汲取奋发的力量。"2016年习近平赴江西看望革命烈士后代和先进人物代表时曾如此讲过。

时光远逝，英雄年轻的生命依然在路上。

红军在这里留下了足迹
——班玛县红军沟革命遗址

文／崔红霞

崔红霞

中国作协会员,青海省作协副秘书长。有散文、小说、评论等作品散见于《青海湖》《雪莲》《青海日报》等报刊。

7月，温暖的阳光洒在班玛肥沃的土地上，辽阔的草原生机勃发，远处的雪山若隐若现。我们从班玛县城出发，沿着波光潋滟的玛可河驱车前行，约40公里后到达风景秀丽的亚尔堂乡子木达沟，也就是我们此行的目的地——班玛红军沟纪念馆。一尊书有"中国工农红军第二方面军""中国工农红军第四方面军"和"班玛"字样的红旗雕塑映入眼帘，向我们诉说红军长征在青海境内留下的感人故事。

这是一个发生在葳蕤盛夏的故事，这是一个充满军民鱼水情的故事，这是一个高原缺氧不缺精神的故事。温故而知新。85年过去了，它还是那么鲜活，那么温暖，那么充满深情而又令人怀念……

"红军是我们信得过的朋友"

1936年7月的子木达沟，群山耸立，草木滴翠，灵动的玛可河缓缓流淌。红军二万五千里长征的长途跋涉中，红二、红四方面军及红军总部约三万人，来到这里，在班玛县境内停留二十余天，后取道甘南北上，在青海留下了宝贵的革命足迹。

红军刚到班玛时，深受马家军迫害的当地藏族群众因不了解红军而十分害怕，有些群众甚至躲进了山里。

"阿妈，我还是回一趟家吧，再拿一些糌粑回来。红军来了，也不知道什么时候走。"扎西对自己的阿妈说道。

"你可不要冒险，你要是回不来，我和你妹妹怎么办？马家军杀害了你的阿爸，抢了隔壁索南家的牛羊，他们比山里的恶狼还要凶残。现在又来了一群红军，一样的军，来了，我们子木达沟就见不到太阳了。"阿妈一脸紧张地阻拦着。

夜幕降临，山里的气温越来越低，看着阿妈和妹妹蜷缩的身体，看着不够吃几顿的糌粑，扎西在母亲和妹妹熟睡以后，悄悄走出大山，凭着记忆摸进了家。

静谧的月光下，家里的样子渐渐清晰起来，"奇怪，家里没有变，藏在柜子里的糌粑也原封不动，难道红军没有来吗？"扎西想不明白，但好奇心又让他想迫切知道答案，于是，他锁上门，往尼玛家走去。

"扎西，快把你妈妈从山里带回来，这些'玛米'（藏语音译，指当兵的人）纪律严，不抢我们的牛羊，不烧我们的家，尊重我们的宗教信仰和风俗习惯。如果你不信，你可以到玛可河边，或者到村外的山坡去看，那里扎了很多帐篷，红军怕打扰我们，就睡到村外去了。"

听了尼玛的话，扎西将信将疑地跑到村外。"尼玛果然没有骗我"，穿过月光，扎西看见村外确实搭了很多帐篷，隐隐约约地，他还看见有一些"玛米"甚至就睡在帐篷外面。看到这里，扎西悬着的心也放了下来，如果红军像马家军一样，那尼玛一家肯定早就遭殃了，现在尼玛家好好的，红军还睡在村外，这就说明，这些"玛米"不是坏人。于是，扎西连夜将母亲和妹妹带回了家。

就如扎西看到的一样，红军是他们信得过的朋友，不是马家军。

红军在子木达沟休整期间，用多种形式向藏族群众宣传党的民族宗教政策、党的政治主张和革命道理。许多像扎西一样的普普通通的藏族群众真正认识了"红军",他们从红军队伍那里第一次听到了共产党、革命、解放等新词汇,了解到了班玛以外的世界。

红军的一言一行、一举一动,给当地藏族群众留下了深刻印象,他们对这支红军队伍的态度慢慢改变了,躲进山里的群众也陆续返回家园。他们热情地帮助红军筹粮、买牛羊,救护伤病员,俨如亲人一般。同时,还积极充当红军的向导、为红军提供食宿,谱写了一首荡气回肠的军民鱼水之歌、民族团结之歌。

当地藏族群众对红军由最初的恐惧到逐渐了解,由逐渐了解到热情拥护,由热情拥护到念念不忘、深切怀念。为了纪念红军,他们把红军走过的子木达沟称为"红军沟",把红军走过的桥叫作"红军桥",把红军走过的路称为"红军路",把红军喝过的泉水称为"红军泉"……

当然,也有一小部分群众由于听信了一些人的挑拨,对红军有一些不友好的举动,甚至用武力阻止和干扰红军的行动。特别是红军在班玛地区筹集粮食时,受到了一些不明真相的群众的阻挠,甚至有红军战士流血牺牲的事件发生,但红军没有予以还击,而是以极大的克制和忍耐,朝天鸣枪警告,把他们撵走而不加伤害。这让当地的藏族群众深深地懂得一个道理:"红军是人民的队伍,是为咱老百姓做好事的队伍。"

一件件文物铭刻历史

1986年5月27日,为纪念红军长征经过班玛地区这一具有历史性意义的事件,继承和发扬红军精神,缅怀革命先烈的丰功伟绩,青海省人民政府将红军沟列为青海省文物保护单位。同年,班玛县人民政府在这里立碑,修建了融合藏汉建筑风格的"红军亭",亭内保存着红军刻有标语的石头,亭外围栏上系着藏族群众献上的洁白哈达。2012年11月,红军沟被命名为省级爱国主义教育基地。2017年3月,红军沟被中共中央宣传部命名为"全国爱国主义教育基地"。同年8月,班玛红军沟纪念馆正式揭牌开馆。

进入纪念馆,红军长征路经果洛班玛地区的路线图,当地寺院、群众为红军提供帮助的故事图,还原藏族群众与红军交流交往的塑像,以及反映当地藏族群众支持红军的绘画等一一展现在眼前。

在一张电报翻拍的照片前,讲解员向我们介绍道:"这封1936年7月8日的电报,原文中提到'刘军今到绒玉已无粮','绒玉'就是如今班玛县江日堂、亚尔堂、灯塔三乡的统称。平均海拔3500米以上的班玛县是青藏高原少有的半农半牧区,红军到达班玛后的主要任务就是筹粮。当时,红军部队严重缺粮,供给缺乏,却一直坚持用捡拾牛羊骨头炖汤、采挖野菜等方式充饥,很少向牧民征购粮食,也从不踩踏破坏地里的庄稼……"

讲解员指着一口铜锅继续介绍:"当年,承蒙藏族群众悉心照顾的红军战士在临走前,将其使用过的一口铜锅赠送给牧民索多,用以表示军民鱼水之情永存,汉藏友谊牢不可破。如今,这口被珍藏多年的铜锅由索多的后代捐赠给班玛红军沟纪念馆,在陈列柜里向人们诉说着过去。"

一套红军军服,也讲述着感人故事。当年,红军队伍在泉水边驻扎休整,并用石板将泉水围砌起来。起初,藏族同胞心存疑惑不敢靠近,只在远处观望。但慢慢地,战士们主动过来与打泉水的藏族群众交流,帮老乡们挑水。通过与战士们的沟通交流,当地的藏族群众了解到很多新鲜事物,认识到中国共产党北上抗日的重要性,他们主动为战士们送上酥油、糌粑、酸奶、牛羊肉等。这一天，红军队伍要离开班玛向川北阿坝地区挺进，一位前来送行的藏族老阿妈将装有泉水的牛皮水袋递到战士们手中，紧紧地握着战士的手舍不得松开。高原的天，瞬息万变。就在这时，原本晴空万里暖阳高照的天却突然下起了雨，变得阴冷起来。战士们便将这套军服披在了老阿妈的身上。如今，这套军服静静地陈列在纪念馆里，呈现着当年红军战士和藏族老阿妈依依惜别的感人场景。

时光如梭。一幅幅图片，一封封电报，一本本回忆录，一件件红军当年用过的遗物历历在目，使红军当年在班玛的这段历史得以重现。在这里，保存了当年红军途经班玛时留下的马鞍、马鞭、马叉子、刀子、勺子、铁锅等被牧民群众视为珍宝的遗物。如今，作为红军路过青海的历史见证和珍贵文物，载入了班玛县的史册。

承载着历史与军民情谊的红军沟依然在静静地讲述着红军当年在班玛的那一个个感人故事。作为爱国主义教育示范基地的重要组成部分，纪念馆真实再现了红军在班玛短期休整时与当地藏族群众之间所发生事件的场景，体现了红军的优良作风和军民鱼水情，极具感染力，让人深受教育和鼓舞。

如今，越来越多的人慕名来到这里，走在当年红军走过的路上，欣赏这里林木苍翠、花香鸟语的高原森林自然风光，聆听红军在班玛的故事，传承红军精神，感受军民鱼水之情。在子木达沟口约40米的石壁上，"北上响应全国抗日反蒋斗争！安庆宣"的标语，虽历经岁月沧桑，但依旧清晰可辨。站在这块石壁前，人们不由得对当年那些艰苦奋斗的革命前辈肃然起敬。

长征精神永驻班玛

如今,距离红军经过班玛已经过去了整整85年。在班玛这片鲜为人知的高地上,从此有了红军沟、红军亭、红军路、红军哨所、红军桥、红军墓、红军泉。一处处红军长征留下的历史遗迹成为鲜明的教育素材,感染着当地群众和来访的人们铭记长征精神,传承民族品德。

高原地区缺氧,环境恶劣,天气变化无常。当年,红军进入班玛时几乎两手空空,除了遭受饥饿之外,还要忍受缺氧、严寒,和自然界作斗争。除此之外,敌人像只饿狼一样,躲在暗处时不时出来咬上一口,对敌人斗争艰难复杂。而就是在这样艰苦的环境下,红军队伍以高度的阶级友爱和同生共死的患难精神,团结一致,艰苦奋斗,终于熬过了这段艰难的里程,走出了草地,走向了胜利。

尽管红军长征到达青海只是路过,并没有建立党组织,也尚未创建革命根据地,但就是这短短20多天的时间,红军战士们用自己的切身行动将红军长征精神诠释得淋漓尽致。

艰苦卓绝的伟大长征,是中国工农红军的骄傲,是中华民族的骄傲。长征精神,集中体现了中华民族百折不挠、自强不息的民族精神。正如红军战士镌刻在石壁上的"北上响应全国抗日反蒋斗争!安庆宣"的标语一样,虽然历经八十余载的风雨剥蚀,字迹依旧清晰、历历在目,成为见证红军长征来到班玛的历史凭证。

红军的革命精神和斗争精神鼓舞着班玛人民,给他们带来了深刻而积极的影响。他们的阶级觉悟和斗争觉悟得到很大提高。正是在红军长征精神的指引下,班玛人民在党和政府的坚强领导下,努力完成了从封建制和半封建制到社会主义制度的转变。也正是在红军长征精神的鼓舞下，班玛人民在党和政府的坚强领导下，奋力改变着家乡的面貌，实现了从贫穷落后到逐步富裕的转变！

虽然只有短短的 20 多天，但红军把革命和斗争的种子播撒在了玛可河畔，播撒在了山谷草甸，也播撒在了当地藏族群众的心中！如今，这种子早已生根、发芽，绽开了解放班玛的绚丽之花，结出了建设班玛的丰硕之果。

近年来，班玛县深入贯彻落实习近平总书记"把红色资源利用好、把红色传统发扬好、把红色基因传承好"的重大要求和省委"一优两高"战略部署，立足保护、开发和利用，依托班玛是红军长征唯一途经青海的地方，有着悠久的革命历史和浓厚的红色底蕴这一红色资源，着力打造党性教育基地和红色教育品牌，全力建设红色班玛。同时，班玛是三江源核心保护区，全县林地面积达 2823 万亩，拥有青海省最大的原始森林。玛可河、多柯河、开柯河三大"姊妹河"平行纵贯全境，素有"三江源小江南"的美誉，境内自然资源十分丰富。此外，班玛还是果洛柯森的发祥地，是格萨尔王的故乡，古迹众多，文化底蕴深厚，各民族融合发展历史悠久，民族团结进步事业得到全面发展。如今，班玛县依托资源优势，确立了"三色班玛"（即红色班玛、绿色班玛、金色班玛）建设发展理念，积极探索寻求"三色班玛"建设契合点，不断推动"三色班玛"建设深度融合、同频共振，为加快建设"六个现代化新青海"贡献班玛力量。

从红军沟出来，当地藏族群众编唱过的那首歌谣一直在我的耳畔回响，久久不息："红军走了，村寨空了；村寨空了心不焦，心焦的是红军走了。"

岁月流逝，在 85 年的岁月长河里，红军长征路过班玛这段历史没有消失流逝，而是随着时代的变迁不断沉淀淬炼，转化为弥足珍贵的长征精神,历久弥新,薪火相传。这崇高精神如同穿越时空的火炬,鼓舞着一代又一代的玛可河人民,照亮我们所处的每一个时代。如今,班玛各族人民群众正携手奋进,共同谱写新时代班玛山乡巨变的锦绣篇章!

铭记灾难 从悲壮走向豪迈

——参观玉树抗震救灾纪念馆有感

文／李向宁

李向宁

男，1955年8月生，陕西省西安市人，中国作家协会会员。著有小说集《我不敢忘记》，散文集《生命细节》，长篇报告文学《青藏大铁路》《守望三江源》《点亮雪域高原的光明》《天路之魂》等。获陕西省"五个一工程"奖、青海省"五个一工程奖"等。

一

时间真快，一转眼玉树大地震已经过去 12 年了。穿越时空隧道，每每想起那场灾难，无论岁月怎样流逝，仍然心有余悸，无法释怀。2020 年 4 月 14 日玉树地震十周年，参观了玉树抗震救灾纪念馆以后，心情更是久久不能平静，抗震救灾时的那份惊恐，那份心痛，那份感动，以及那份欣慰又再次涌上了心头。

玉树抗震救灾纪念馆始建于 2012 年，是玉树灾后重建的"十大标志性建筑"之一，也是中国第一个全面记录高海拔地区抗震救灾艰难历程的纪实性展馆，总占地面积约 5776 平方米。其中遗址占地面积约 498 平方米，由地震遗址、纪念馆主体及感恩广场三部分组成。建筑分地上一层，地下两层。纪念馆设计采取地域建筑设计策略，融合当地的空间和材料特点，以纯粹的"方"和"圆"为基本原型，创造出由"纪念之丘""纪念广场""重生之墙""祈福之庭"所组成的一整套空间序列。暖色毛石、素混凝土、藏红色耐候钢板等现代材料的运用，即表达出藏式建筑特色，又营造出宁静、庄重的观展氛围，更传达出人与自然和谐共生的生命哲学。当参观者通过线性空间序列缓缓进入中央的祈福之庭，内聚的圆形空间和环绕的壁龛矩阵，立刻就能引起精神共鸣，内心的沉重记忆很快就能转化为对生命的祈福，对人性中的真善美的尊重。

纪念馆由亲切关怀、生命至上、保障安置、大爱无疆、人间奇迹5个部分组成，以文字、图片、实物、影像资料多角度、多视觉地真实再现了"4·14"惨烈地震带给人们的悲痛、玉树抗震救灾过程中党中央的英明决策、社会各界的大爱援建、灾区群众的自强不息、感恩奋进的伟大精神、波澜壮阔的灾后重建和玉树的新貌，是开展爱国主义教育、党性教育、感恩教育、民族团结进步教育的重要阵地。

走进纪念馆大厅，看到由1000多张抗震救灾照片组成的一个大"爱"字，时间仿佛又回到了10年前玉树地震后的现场，记忆的闸门一下子便打开了。

2010年4月14日上午7时49分，玉树藏族自治州发生了7.1级毁灭性大地震。瞬间房屋倒塌，生灵遭难，废墟成片，昔日的吉祥美丽之城，顷刻间变成了10万余聚居者的伤心之地。面对突如其来的巨大灾难，党中央和国家领导人第一时间做出救灾部署，人民解放军、武警部队、消防官兵、公安民警、医疗卫生人员，以及来自全国各地的各种救援队伍和力量向玉树集结。瞬间，玉树就成了全国乃至世界的一个焦点。

灾难牵动了党中央和全国各族人民的心，也牵动了中国作家的心。中国作家协会当即做出决定，除了捐款捐物外，立即派出一位作家和青海作家协会的4位作家共同组成采访团赶赴玉树采访。当时担任青海作协秘书长的我自然成为采访团的一员。那时刻，大家只有一个愿望：尽快去玉树，用文学真实反映抗震救灾的英勇壮举，生动展示抗震救灾的伟大精神，刻写中华民族在这一特殊时期沉甸甸的历史记忆。

4月17日一大早,采访团在作协主席梅卓的带领下,紧急出发赶往玉树灾区。青南牧区4000米以上的海拔,一路上一会儿飞雪,一会儿冰雹,一会儿沙尘暴,恶劣而变化无常的气候常常使车辆处于危险之中。800公里的山路,整整走了17个小时,直到午夜时分才到达地震中心结古镇。

午夜的结古镇处在一片漆黑之中,不见灯光,没有声音,汽车大灯照到的道路基本都有瓦砾碎石。由于州政府的院子扎满了帐篷,我们只能摸黑来到玉树州歌舞团的家属院驻扎。在车灯的照亮下,我们开始清理歌舞团院子的砖块瓦砾,自带的帐篷就扎在清理完的空地之中。玉树的春夜是寒冷的,气温在零下15摄氏度左右,我们和衣钻进睡袋,袭来的凛冽寒风又不得不再加上军大衣。呜咽的风声伴着时不时就响起的警笛声、汽车声和狗吠声,头一夜,我们整宿未眠。

第二天一早起来,头昏脑涨,作家们匆匆吃了口自带的方便面,就开始外出采访。有的去了中心街道,有的去了搜救现场,有的去了民居、寺院。由于灾区的街道到处是废墟、救灾车和救援人员,采访车根本无法前行,作家们只有步行,奔波于灾区震深14公里的范围采访。昔日美丽宁静的小城在重创之下一片狼藉,所到之处看到的都是坍塌的房屋,遍地的碎石。废墟中一个接一个抬出的担架,惊慌的呼喊,疼痛的叫声,悲恸的哭泣,尘土满面的老人孩子……尽管做了充分的心理准备,震后的惨状还是深深地刺痛了作家们的心。一片废墟,满目疮痍,使得我心里悲凉得毫无头绪,脑袋里一片空白。不知所措的我,独自一人拿着采访本、背着相机盲目地走进了基本是一片废墟的居民区。

二

蓝光闪过，地震刚刚发生第三天，在残垣断壁的废墟之上，随处都能看到有人在奋不顾身地救人。有专业救援队，有机关干部，有学校教师，有普通群众，还有外来的民工，这些劫后余生的人们，顾不上自己的家人，顾不上自己的财产，匆匆奔忙在熟悉的街道上，搜救群众，抬送伤员……他们普通的身影，仿佛一股温暖力量，抚慰着玉树这片伤痕累累的大地。我决定把目光对准这些普通人，了解他们在人生死存亡的时刻，是如何奏响生命颂歌的。

白生强是我遇到的第一个采访对象，趁着他把一位受伤的藏族群众背到医疗点后喘息的时候，我便和他聊了起来。这位32岁，身体有些瘦弱的青海民和回族土族自治县青年，2009年春节前20天才来到结古镇的。初到玉树，他先在朋友的洗车行打工，熟悉了环境，了解了行情后便大胆承包了一家洗车行自己干。

4月14日早晨，还在睡觉的他被猛烈地摇醒了，睁眼一看，整个房子在晃动。"不好，地震了！"他叫了一声，连忙往外跑，到了门外一看，四周的房屋正在倒塌，尘土弥漫，有人满脸是血高喊着在街上乱跑，紧接着就听到了哭声，顾不上多想，他就向有哭声的地方跑去。

哭声来自街西60米处的一家小卖部，他赶到时一位50多岁的藏族妇女边哭边喊："快救命呀，我家人被埋在里面了！"白生强一看小卖部几乎全部倒塌，尘土仍在飞扬，他问有几个人？妇女说，"我妈妈和我的女儿。"不由分说，他就用手扒开了屋顶上面的碎砖，向里喊话，"有人吗，有人吗？"依稀中他听到了微弱的救命声，顺着声音，他加快了扒刨的速度。这时，这家的亲戚赶来了，也一起急切地扒刨，很快倒塌的屋顶就被挖出了一个空间，白生强正要爬进去，一旁的人却拉住了他说，"危险，还有余震呢！"白生强顾不得多想就往里爬。艰难地爬进狭小空间后，发现有一位妇女趴着，桌椅柜子全压在她的身上，不远处还有一位老年妇女，她的腿被一根木柱子压着，一只手还被墙砖压着。他观察到先救老人的外孙女比较顺，于是就爬到女孩的近处，试图掀起压在她身上的家具，可是一试根本就动不了，看来只有用斧子一点一点砍才行。于是他就向外面的人要斧子赶忙劈家具，一斧、两斧，直到手已麻木，才把压在女孩身上的家具劈散取开。女孩被救出，白生强缓了一口气，紧接着就去救老人。压在老人腿上的木柱子和压在手上的墙砖经过他的努力终于移开了，尽管尘土呛得他呼吸有些困难，但他还是坚持着，大约用了近一个小时，老人又被救了出来。

离开这家人，白生强向自己的洗车行跑去，一位藏族小伙子迎面跑来说："三岔路口的结古寺宾馆倒了，里面埋了许多人。"听完，白生强就跑进车行，把自己买的一双新鞋翻出换上，赶忙向三岔路奔去。他做好了献身的思想准备，心想，自己就是死了也算穿着新鞋上路了。

来到三岔路口，放眼一看，昔日巍然屹立的结古寺宾馆大楼，已夷为平地，成为一片废墟。公安、武警战士正在挖掘救人。这时，东面的废墟里有人喊救命，尽管声音微弱，白生强还是听到了。他立即赶过去，在发出声音的地方奋力地扒刨，透过废墟的间隙看到一位藏族妇女的头和背，她被封在一辆摩托车和柱子的间隙下，双膝跪着，整个上身向前匍匐着，双手扶着地支撑着身体，身体被压得有些变形。"你还好吗？"白生强向妇女喊道。妇女艰难地说："孩子，孩子，我的孩子。"白生强向她周围看去，并没有发现孩子，就问："孩子在哪里？"妇女说："在我的怀里，在怀里！"这时白生强才知道这位母亲把孩子护在身下。多么伟大的母亲呀，白生强心里感叹着，就奋力地开始扒土，随后搬开砖块，再去移开身上的木板。木板看上去像是床板，很结实，用双手根本移不动，围过来的救援队中有人递给他一把铁锨，他撬开了一尺宽的空间，开始拉那位妇女。妇女却说："先救孩子。"于是她挣扎着从怀里的藏袍中艰难地抱出孩子，白生强赶忙用双手接住，小心地拉了出来。遗憾的是，这个一岁多的孩子已经遇难了。

泪水模糊了白生强的视线，他的脑海一片空白，双手机械地在瓦砾中扒拉着尽快救出那位年轻的母亲，甚至丝毫没有觉察到他的手指已经磨破了，指尖的鲜血将破损的椽梁和残旧的砖块染红了。在多人的帮助下，那位母亲也被救了上来，母亲一出来就要看孩子，大家告诉他孩子已经遇难时，母亲顿时昏了过去。此时，白生强强烈地感到，他挖掘出的不仅仅是苦难和悲伤，同时也挖掘出了人间亲情和大爱。

白生强在废墟上整整挖了一天，直到夜幕降临。第二天，他又和朋友一起投入了搜救之中……

白生强给我讲这些经历时，他的眼里含着泪水，看得出他还在为死去的人惋惜伤感。当我问他为什么要这样做时，他以浓重的民和口音对我说："受难的都是我的同胞，危难之际见死不救还算是人吗？"

三

采访完白生强之后，接下来的几天里，在搜救现场、在灾民安置地和志愿者队部，我先后又采访了阿太、普布、才仁旦舟、白马多丁、旦周仁青、嘎玛扎西等以各种方式救人的群众和志愿者。

46岁的阿太是位画家，地震逃生后和一位叫索南的同事立刻去单位附近的居民区救人。居民区一片废墟，着实让他们大为震惊，"怎么会这样呢？"阿太不相信地摇着头，一位藏族妇女急匆匆走来哭着对着他们说："我家的女孩被埋了，求求你们救人，要多少钱都可以！"

人命关天，面对妇女的乞求，阿太他们不敢有一丝懈怠，迅速展开了营救。摆在阿太和索南眼前的是严重倾斜和部分垮塌的二层楼。如果要救人，就必须先要掀开楼顶。掀开楼顶就算有些难度还可攻克的话，楼顶上那个沉重的水箱则是难以挪动了。即便可以移动，那将对他们的自身安全带来严重威胁，阿太他们遇到了严峻挑战。

此时，阿太听到了女孩喊"救命"的声音，也许就是急中生"力"，在阿太和索南用三根圆木撬动了楼顶上的水箱后，楼板也终于掀开了，露出的是一堵墙，墙里面有两根柱子，女孩就压在柱子下面，身上还有木板。其实，对于阿太和索南来说，顶起柱子也是一个冒险的施救方案，但如果失败，无论是生者还是死者，都是一个沉重的打击。

阿太问女孩："你还好吗？"女孩说："还好。"阿太放了心，就向外面的群众要了一把斧子，开始劈木板。他满脸灰尘，浑身是汗，双手一次一次抽筋，手臂还被擦破，到处都是血迹。但他仍然坚持着。经过半个小时的努力，木板终于被一点一点劈开，女孩的身子露了出来，阿太说："把手慢慢举起，抱着我的脖子。"女孩便艰难地试着举手，经过挣扎，手终于举起抱住了阿太的脖子，阿太奋力用双手紧紧抱住女孩。生命奇迹出现了，那位藏族女孩被他们拉回了人间。浑身是土的女孩，大约有十四五岁，见到了阳光她非常高兴，揉了揉眼睛，一个劲地说："叔叔，谢谢你！谢谢你！"阿太对女孩笑了一下，拍拍身上的土和索南又去搜救其他被埋的人……

27岁的普布是玉树州玉树县小苏莽乡中心寄宿小学的老师，家在结古镇。地震后他给家里打电话,却怎么也打不通。于是他下课后借了同事一辆摩托车便从90公里外的学校向结古镇奔去。

回到家一看,房子没倒,只是裂开了几条缝,却不见父母亲身影。焦急中普布开始寻找,街道上到处都是慌乱的人,有的高声哭喊,有的在废墟里搜救,有的在抬伤亡人员,这一幕深深地刺痛了他的心。走到一片废墟时,他看到两位妇女在救人,一边挖一边哭,说是她们的父亲被埋。不由分说,普布将摩托车一放就加入了搜救。他用手奋力地扒着砖块碎石,遇到预制块就找来圆木撬,手磨破了,鲜血染红了砖块碎石,汗水湿透了衣衫,经过近3个小时的努力,废墟下的老人终于被救了出来。

从废墟上下来,他骑上摩托车就去哥哥家,让他吃惊的是,哥哥家的二层小楼已夷为平地,就连附近的小商场楼也未能幸免,剩下的只是残垣断壁。看着眼前的一幕,一种不祥之感涌上心头:房子倒了,哥哥一家肯定遇难了。这样想着,他就奋力地在废墟上扒了起来,一边扒一边叫着哥哥的名字,然而回答他的只有寂静。这时,他发现在废墟的另一处,有挖开的坑,这一发现让他又看到了一线希望,也许哥哥一家已被救出,这会儿正在什么地方躲余震呢?于是,他放弃挖掘,骑车向体育场的灾民安置点奔去。

天快黑了,黄昏中的结古镇,冷风凄厉,悲声四起,使他感到从未有过的寒冷和恐惧,唯有呼啸而过的救护车能给他带来一丝慰藉,因为这意味着又有一个生命在奔向希望。体育场的空地上,已经涌满了惊慌失措的人们。普布在人群中仔细寻找,但没有看到父母和哥哥一家。他的身边不断有人抬来伤员,一边紧张地跑着,一边高声喊:"让一让,快找医生!医生在哪里?"一位伤者刚抬过去,一个藏族汉子背着一位老人跑了过来,老人满头是血,汉子紧张得满脸是汗。

显然是奔跑了较长的路,脚步有些踉跄。看到此情景,普布赶忙上前,将那汉子背上的老人接过,向救援站跑去。将老人送到后,他擦着汗正打算去格萨尔广场寻找家人,迎面又跑来一位背着小孩的妇女,那孩子紧闭着双眼,低垂着头,满脸是血,看上去已经昏迷。由于着急,妇女满脸通红,身子显得十分吃力,普布又上前接过妇女背上的孩子送到救治点。就这样,普布一直在体育场奔忙,帮助那些需要帮助的人,直到第二天下午,他才在格萨尔广场找到自己的父母。父母虽然安然无恙,但哥哥一家三口却遇难了,听到噩耗,普布放声大哭。

16日一早,安顿好父母,普布吃了几口方便面,又返回体育场,继续帮助那些需要帮助的人。之后,他组织自愿来帮助灾民的学生,成立了青年志愿者队。"我失去了亲人,但我不希望更多的人失去亲人了。"普布对我说。

白马多丁、旦周仁青、嘎玛扎西、才仁旦舟都是学生,除了在街道、居民区救人,还在学校救同学,之后都到体育场做了志愿者。尤其是才仁旦舟,他只有10岁,小学三年级。地震发生后,他们家的房屋全部损毁,没有居所的小才仁从15日开始随父母在体育场建立的临时安置点,主动帮医护人员看东西。凭借自己既会藏语又会汉语的优势,主动给医护人员当起了翻译。他是玉树抗震抢险中最小的志愿者。

大灾大难方显大仁大义。在玉树地震这场生命的劫难中,各种职业、各个民族的普通人,在地震发生后不顾自己的生命财产,自发自愿、冒着生命危险去救他人,他们积极参与抗震救援的自觉行为,标志着中国社会公民意识的树立,以及人性真善美的传扬。

四

在玉树的日子里，我们还听说了许许多多来自各行各业的救援人员，临危不惧、勇往直前、舍生忘死、感人肺腑的故事：本已逃离危险，但得知还有1名教师和2名学生被压在倒塌的瓦砾堆中，立即折返孤儿院救人而罹难的香港"爱心义工"黄福荣；拖着高位截肢的身体，开着改装后的汽车穿梭于灾区，服务受灾群众的玉树警察才旦多杰；断了三根肋骨还在子女搀扶下坚持工作的结古镇甘达村党支部书记叶青；为抢修电力设施而牺牲的省火电工程公司职工杜金玉；在保通公路的第一线过度劳累倒下的省正平路桥集团有限公司职工、共产党员李德业……

在玉树的日子里，我们看到了党和政府、军队和人民群众抗震救灾的英勇壮举，深深体验到了生命高于一切，不惜代价抢救每一个生命这一新时代精神的具体体现；深深感受到了抗震救灾中英勇的人民解放军、武警部队官兵和公安干警勇于牺牲的奉献精神，顾大局、识大体的忠诚品质以及无私无畏的浩然正气，也目睹了社会各界爱心人士通过多种渠道将一笔笔捐款、一批批物资，源源不断地送向灾区的善举和灾难面前大爱无疆的人道主义精神。

在玉树的日子里，已经没有了白天和黑夜之分，我们的心每天都处在疼痛中。我们只有默默记录着这里发生的点点滴滴，用自己的心为玉树之殇祈祷美好的轮回。值得肯定的是，我们的其他几位作家，他们克服着高原反应、语言不通等困难，日夜采访。险情、希望、生还、死亡，不断地演绎着揪人心弦的人间喜怒哀乐，这些悲壮的画面深深地感染着他们，作家的使命驱使他们写下了大量生动鲜活的通讯和报告文学。这些作品大都不是单纯地展示灾难，而是在灾难中感受和发现社会生命观念的进步，发现生命的可贵和珍惜生命行为的崇高。采访结束后一个月的时间，青海作协便编辑出版了两本书，报告文学集《玉树大营救》，诗集《废墟上的花朵》，这些在"亲历"和"体验"中记录下来的感人故事，将鼓舞人们正视哀痛，不断前行。

轻轻移步在玉树抗震救灾纪念馆，仔细观看"4·14"玉树地震及抗震救灾期间留存的珍贵图片和实物资料，尽管内心再次充满了伤痛和悲壮，但却再一次让我深深感到玉树抗震救灾是一次伟大壮举，抒写着勇敢和坚韧，浸透着爱心和感恩，镌刻着尊严和崇高，弘扬着"奉献、团结、互助、凝聚"这一时代的主旋律。

气壮山河的玉树抗震救灾实践，处处凝聚和折射出中华民族千百年来伟大的民族精神，体现了中华民族强大的凝聚力、向心力，体现了人民军队钢铁长城的伟大力量，铸就了"大爱同心、坚韧不拔、挑战极限、感恩奋进"的玉树抗震救灾精神。

英雄『地中四』

文／曹建川

曹建川

生于四川,中国作家协会会员,供职于青海油田,居敦煌,出版有《在敦煌》《再敦煌》《父亲的高原》等10余部文学作品。曾获奖。

1958年9月13日，由1219钻井队承钻的"地中四井"在钻至650米时发生强烈井喷，原油畅喷三天三夜，日喷原油达800吨左右。

"地中四井"的激情喷薄，宣告了冷湖油田的横空出世。

冷湖油田在20世纪50年代是青藏高原重要的石油基地，产量位居当时全国四大油田之一，为新中国的经济建设和国防建设做出了不可磨灭的贡献。从此，英雄地中四就植根于每一个青海石油人的心中，成为"柴达木石油精神"的一个里程碑。

2004年5月30日，中石油首批命名"地中四井"为"石油精神教育基地"，2019年12月又入选国资委发布的"中央企业工业文化遗产"。"地中四井"永载新中国创业史册！

从66年柴达木石油的长河之岸回望冷湖岁月，那是一段悲壮雄浑的史记，如今已硝烟远逝，霜冷长河；站在冷湖的荒原眺望"地中四"，那是一个被命运附着了密码的高地，神示一般，已经成为传奇。

"地中四井"是一个转折点，她宣告了柴达木石油早期勘探沉闷、徘徊的局面被彻底打破；"地中四井"是一支冲锋号，她奏响了柴达木石油高歌猛进的壮行曲；"地中四井"是一剂强心针，她为柴达木石油顽强地屹立于"国困时期"赋予了坚强的精神动力。

"地中四"从一个地质术语、一口油井代号，一个特殊年代的一个特殊群落的特殊记忆，演化成一种人文精神、一种特定象征，其命运虽然多舛，但也伟岸高昂。

中石油和青海省，对"地中四"都给予了高度瞩目。

1959年3月至6月，时任石油工业部部长的余秋里、副部长康世恩先后来到冷湖，对开发冷湖油田做了研究部署，揭开了冷湖油田勘探开发的序幕。

1959年4月28日，青海省副省长李芳远陪同铁道部现场会议参观团一行90多人到冷湖参观，李芳远亲自为地中四井立碑，并题写"英雄地中四，美名天下扬"碑文。

从"地中四井"掘进，冷湖油田见了天光。

1954年初春，一支四百多人的柴达木石油勘探队伍，在大队长郝清江的带领下，告别渭水河岸，踏破千里河西，一路高歌红旗展，过玉门出阳关，翻越巍峨祁连，栉风沐雨挺进天边的柴达木。

勘探队员最早落脚的地方在茫崖之西的花土沟，因为那里有一座裸于地表高达150米的油砂露头。早在1947年，那里就被地质专家周宗浚在地图上画了一个圈，并命名为"油砂山"。

以油砂山为圆点，以一百公里为半径，至今半个多世纪以来柴达木石油的勘探开发都没有离开这个圆。石油勘探也并非指点打点、一蹴而就，它以科学为手段，还得以运气作支撑。

勘探队员驼峰作舟，帐幕围城，在距离花土沟一百多公里外的老茫崖那片荒原上扎下了柴达木石油的第一座城池，后被称为"万人帐篷城"。帐篷城里集聚了来自全国各地的大学生、知识分子，还有转业军人、热血青年，他们志愿报国西部边陲，热血沸腾高唱"我为祖国献石油"。在当时著名作家李季、李若冰两位先生的笔下，茫崖帐篷城是宛若神话一般的存在，被誉为是柴达木最有活力的一座工业之城，是拓荒者的乐园，是全国瞩目的一个热点。

百废待兴的新中国白手起家启动工业化建设，石油是命脉。国家拍案，举全国之力开发柴达木石油，柴达木石油人因此肩负了庄严而神圣的使命。但因早期勘探技术制约，开发手段落后，举步维艰。加之柴达木盆地远离内地，交通不便，社会依托极差，一粒大米、一颗铁钉都要不远几千公里往里运，生活生产成本居高不下。而几年下来，也并未发现传说中的大油田。于是，柴达木石油开发被国家摆上了"另案"：哪怕油再多，也先把队伍撤出来，等条件好了再上！

加之，当时全国处于生活困难时期，还有东部大庆油田的开发被推上前沿……于是，走的走，散的散，撤的撤，近三万人的石油队伍，转眼只剩下五六千人。茫崖帐篷城的辉煌很短，像一颗彗星擦过柴达木的天空。终结老茫崖命运的有两张牌，一是"天时"，二是"地利"。

柴达木石油人站在了命运的拐点，是生存，还是死亡，这确实是一个问题。要么撤出去，等待命运的安排；要么再搏一把，把"根"留住，点燃星星之火，期待燎原。"人和"这第三张牌被石油人紧紧攥在手心，他们跟自己较上了劲：与其坐而待毙，不如起而振之！

早在1955年，冷湖构造就被地质部632地质队发现了。随之进行了1:100万比例尺的地质概查。因冷湖四号构造有80米厚的油砂露头，故于1957年沿袭"构造加油苗"的方法，在冷湖四号构造上进行了钻探，结果在钻井过程中仅见到少量油花。

1958年，在632地质队工作的基础上，石油勘探改变了"构造加油苗"的找油方法，在构造比较完整、高点部位没有油苗的冷湖五号构造上进行钻探。而部署在构造高点上的就是"地中四井"。

"地中四"——石油人在这里看见了冷湖的春暖花开。

说到"地中四",就必须说到一个人。假若没有他,也就没有"地中四"。没有"地中四",也没有冷湖油田,柴达木石油的命运就不得不重新洗牌。最起码,很难有近三十年的冷湖岁月。

他叫胡振民,是中国人民解放军五十七师转业的石油人。

1952年2月,19军57师改编为中国人民解放军石油工程第1师。

脱下戎装着工装。胡振民在部队的硝烟中历练为一名优秀的军官,转业后最先为陕西枣园钻探大队大队长,带领打了20多口井,为陕北石油开发做出了突出贡献。1955年,他率领枣园钻探大队40多人奔赴柴达木,即任青海石油勘探局钻井处副处长兼茫崖钻探大队大队长。

从此,胡振民便与柴达木石油工业紧密相连。

而"地中四井"的成败,更与他个人息息相关。

时间推移到1958年,柴达木石油前景堪忧。

胡振民所带的钻井队从茫崖探区辗转到冷湖地区打井。偏偏上帝又给他开了一个比天还大的玩笑,打的"地中8井"突然失火。当然,在那个大干快上、粗放经营的年代,井队失火这样的事故层出不穷倒也司空见惯,但"地中8井"意义重大,是在队伍撤与不撤的关键时期布下的一口关键井。要是见油了,人们就有坚守的底气。勘探局也在赌,赌赢了,就为付诸了满腔心血的柴达木留下了"活口"。可是,一把大火一瞬之间把希望烧灭了。

胡振民快气疯了,他是主要领导,也要负主要责任。但一看井场失火,他什么都来不及想,就只身冲进火海,抱起水龙头,奋不顾身地扑救。大家都跟着冲上去。在柴达木打一口井多么不容易,怎么也不能眼见它白白地烧掉了啊。可是,一天过去,大火没火;两天过去,大火没灭；直到三天过后，大火被扑灭了，井场上也被烧了个精光。胡振民三天两夜没合眼，"扑通"一声栽倒在地。

三天两夜的扑救，三天两夜的煎熬，也是三天两夜的反思。胡振民心力交瘁，大火一灭，身体也随之垮了，也因此得了一辈子跟随的病——高血压。这病后来一直跟随他到大庆会战，从大庆又到中原。1997年，我不远千里奔赴中原油田采访已七十高龄的胡振民，早从局长岗位退下来的他说，晚年每当病情加重，他就想起"地中8井"那场大火，仍心有余悸。那场大火，埋进了他的身体，注入了他的神经。

因此，他背负了组织处分：降职，减发工资。

他说，可惜的是国家财产啊，自己那点损失又算得了什么。

深深的愧疚一直跟随他变老，这是穿越时空的自责。自责，也是检验一个人良心的尺度。胡振民的良心，折磨着他。虽然随后的"地中四井"改写了柴达木石油的命运，但他依然不能做到"猪羊抵消"。这是令人敬仰的伟大人格。

"地中8井"失火，给整个冷湖钻探工作蒙上了阴影。因此，冷湖钻探大队被大举压缩编制，9支钻井队一夜之间撤去了6支。冷湖，尴尬地被摆渡在命运的十字路口，找不到方向。

冷湖难道真的没油？

胡振民打死也不信。

他想证实——用最大胆的行动和方式。

他想较量——用科学与找油困境对话。

在哪里跌倒就在哪里爬起来。胡振民亲自组织一批技术员，反复查询各种资料，认真检查和分析，敲定方案，要在冷湖5号构造一高点布一口探井。有人反对，有人迟疑，有人彷徨，只有胡振民信心坚定。他觉得他要跟命运搏一把。要是赌输了，自己卷铺盖走人。

勘探局表示沉默。但沉默也是一种态度。这种态度暗合了胡振民的猜想，谁都不愿意让柴达木石油就此灰溜溜下马。那赌一把吧，这似乎是很多人没有说出口的想法。赌输了，心服口服。不赌，命不服。胡振民抱着赎罪的决心，将目光坚定地锁定在五号构造一处高坡上。

冥冥之中，他觉得那里有戏。

钻机到位。胡振民也把床铺被褥搬到井场旁的帐篷里，就像当年领兵打仗一样，他把指挥所安扎在火线的最前沿。

井场定位。胡振民固执己见，他环顾四周的地形，三面山岭，形成一个簸箕形。他仿佛看见了一个油田，簸箕里盛满了黑色的原油。在关键时刻，绝不动摇，必须相信自己的直觉。他下令，把井位布在簸箕的尾部。他倔强着，吹胡子瞪眼，在场的人谁也改变不了他。

定位。

安装。

开钻。

胡振民每天都和技术员工作在井场。他知道这一招定乾坤，不仅仅决定他胡振民的"死"，而决定整个柴达木石油的"生"。

25天。

整整25个日日夜夜。胡振民很少能安静地闭上眼睛休息一会儿，他熬红了双眼，急得像一头雄狮。终于，苍天开眼，滚烫的黑色的油流从地底下喷薄而出，冲上云霄，又飞流直下，宛如天雨。畅喷三天三夜，日喷原油800吨，这在石油开发史上简直就是一个奇迹！

"地中四井"出油了！

冷湖出油了！

柴达木沸腾了！

让我们记住这个伟大的时刻：1958年8月21日，由1219钻井队开钻，9月13日当钻达650米后发生井涌，继而出现井喷，喷势异常猛烈！自此，冷湖在新中国石油版图上举足轻重，名声响亮！

人们笑了，而胡振民哭了。他为自己的坚持而哭，为冷湖将有一个崭新的未来而哭。而这哭，比笑更情绪饱满，更激情飞扬。胡振民没有观察错，这个簸箕就是一只装油的簸箕。为了不让原油损失，他擦干眼泪下达命令，必须堵住簸箕口，保住原油！

他率领职工用草袋子装砂土，抢筑堤埂。几千只草袋子用光了，就用麻袋、装面粉的布袋。他健步如飞，扛起沙袋，向大堤奔去。突然，他发现一处大堤决堤。决不能让原油从簸箕里溜出去，他二话不说，扔掉沙袋，"扑通"一声跳进油湖，用身体堵住决口。大家身缠布袋也跳了进去，二十多具血肉之躯严严实实堵住了决口。经过一番搏斗，咆哮的油流终于被血肉之躯牢牢锁住，保住了两千多吨原油。

"地中四井"，胡振民的名字理应镂刻入碑！

"地中四井"让冷湖油田绝地而生。

冷湖，成为柴达木石油新的地理坐标，柴达木石油因冷湖而星火燎原。自20世纪50年代末到90年代初，三十多年的风雨兼程，冷湖构成了柴达木石油最核心的记忆。

冷湖变成油湖。原油一车一车地运到玉门、兰州炼油厂。

由于冷湖油田的新发现，勘探局对全局勘探工作进行了新调整。"猛攻冷湖，拿下大油田"——石油部也发出响亮而明确的号召。

"地中四井"喷油以后，当时石油工业部部长余秋里、副部长康世恩先后来到冷湖探区，确定暂时收缩茫崖、马海地区的勘探力量，集中人力、物力加速冷湖地区的勘探。

此后半年时间内，相继探明了冷湖五号、四号、三号油田。

1959年元旦，青海石油勘探局改为青海石油管理局，局机关从大柴旦迁到冷湖。

1960年，试采原油达30万吨。

冷湖油田，成为当时全国四大油田之一。

冷湖油田的发现和建设，使柴达木石油工业有了依托之地，存在之理。由此，柴达木盆地的石油勘探从无到有，从小到大，从简易的地面地质调查，到地球物理、构造钻井等多工种联合勘探，石油人终于在瀚海戈壁的不毛之地牢牢地站住了脚跟。在此后的一段较长时期内，冷湖油田一直是柴达木的主要原油生产基地。

后来，冷湖生产的原油经过就地炼制加工，源源不断供应到部队、工厂、矿山，对青藏地区的经济发展和国防建设做出了贡献。

有这么一个历史镜头，值得收藏。

1959年2月20日，是青海省柴达木盆地原油首次外运的大喜日子。这一天，各地代表汇集冷湖，敲锣打鼓，热闹非凡。在冷湖五号构造刚刚落成的选油站场地上，举行了隆重的柴达木首批原油外运典礼。当大会主席宣布"首批原油外运典礼开始"时，人群中响起了雷鸣般的掌声和欢呼声。

局长李铁轮为首车原油外运剪彩。

插着彩旗、披红戴绿的油车徐徐开动。汽车顶上高挂着大幅标语牌，写着11个醒目的大字：青海柴达木首次原油外运。

一辆又一辆油罐车，载着滚烫的高原石油，驶向远方。

欢聚的人们，有的敲锣打鼓，有的挥舞着手中的旗帜；有的欢呼，有的跳跃；有的还在不停地擦着脸上流淌的行行热泪。

说不尽的苦道不完的难，成千上万石油工人，用血与汗，伤与泪，终于换来了累累果实，终于让柴达木盆地的原油千里东驰出祁连。

冷湖的名字，自此在中国石油史上有了重要地位。

冷湖油田这组数字值得记忆：

1960年，完成原油生产任务301910吨；

1961年，完成原油生产任务177817吨；

1962年，完成原油生产任务130481吨；

1963年，完成原油生产任务100522吨。

数字是客观的，也是冷峻的。1960年，冷湖原油产量突破30万吨，达到历史最高水平。也就是说，冷湖油田走上了"油田的巅峰"，但那也是唯一的高峰。随后，断崖式下跌一发不可收，仅仅悬勒在10万吨左右。一时间，人们又在疑问，冷湖又怎么了？

这样的疑问是情理之中的，但搞石油得相信科学，而不是蛮干。正因为那年代的大干快上冲昏了人们的头脑，只知道一个劲地要产量，而忽略了地壳深处的自然规律。蛮干，总是要付出代价的。大地不说话，但大地有自己说话的方式。

不得不承认的事实是，冷湖地下构造复杂，加上缺乏科学的开发手段，"多快好省大干快上"严重破坏了地层，冷湖又很快冷了下去。像一个巨大的肥皂泡，瞬间膨胀壮大，又瞬间破灭。冷湖，难以支撑更大的场面。好在石油人并没有死盯冷湖不放松，而是再次西撤，将目光挪移到勘探队员最先到达的地方——油砂山。

石油人再次转场，重返西部建家园。

回想冷湖油田"扛把子"那几年，她为青海经济建设，为西藏边疆保卫战，做出了积极的贡献。那一滴滴滚烫的石油，温暖了大中华的胸膛。至今，青海油田的天然石油资源，都在为青藏国防提供着不可替代的保障。边疆永固，柴达木石油人责无旁贷。

也许，这就是命运。石油人在最先落脚的地方——茫崖花土沟，经过几十年的建设，在1991年终于建成百万吨油田。半个多世纪已经过去,青海油田连续多年原油稳产在 220 万吨以上。目前,油田油气并举,两条腿走路,正在快马加鞭,向油气当量年产千万吨冲刺。

回望冷湖,那是一段绝响的柴达木石油长歌。

冷湖,在中国石油版图竖起了两座雄碑:一座是"地中四井"——生的辉煌;一座是烈士陵园——死的悲壮。

两座碑遥遥相望,两座碑都地老天荒。

叮咚叮咚的驼铃声
——走进莫河骆驼场

文/王丽

莫河骆驼场青藏驼队历史陈列馆

王丽一

中国作家协会会员。现供职于青海日报社。著有《瓦蓝色天空下》等文学作品。

从西宁出发，一路向西，过了大水桥，进入海西地界。

大片大片的戈壁滩上，除了骆驼刺、芨芨草，见得最多的，是红柳。那一眼望不到边的滩涂上突然就冒出一丛或一簇红柳，看上去如火如荼，在高原的阳光下像是燃烧着的一团团烈火，令人心动。

瓦蓝的天空，广袤的戈壁，一簇簇孤独而又倔强的高寒植物让人瞬间就有了"过了日月山，又是一重天"的感慨。

突然，远远地见到了一片绿，浓阴匝地，在空旷的戈壁滩上显得那么突兀那么亮眼。

这片绿，便是位于京藏高速公路与茶德高速公路交汇处的莫河骆驼场所在地。作为从荒漠中开拓出的生命绿洲，这里是进入柴达木盆地东大门的第一片绿洲。

一

莫河骆驼场地处青海省海西蒙古族藏族自治州乌兰县茶卡镇，距乌兰县60公里。该场成立于1955年，其前身为中共中央西北局于1953年设立的青藏驼队——西藏运输总队。

时光回溯。

1951年，中共西北西藏工委在甘肃民勤、武威以及宁夏回族自治区等地招募驼工、购买骆驼，成立西北西藏工委驼运总队。当年8月，在毛泽东主席"进军西藏宜早不宜迟"的指示和党中央的直接指挥下，在范明司令员、慕生忠政委的率领下，由西北军区解放军、中共西北西藏工作委员会组建的18军独立支队携带粮秣等军需物资进藏，刚刚成立的西北西藏工委驼运总队负责此次进藏部队的后勤保障和物资运输。

跟随独立支队进藏的还有拉着骆驼、牵着驮骡、赶着牦牛的驼工们。这支2万余峰（只）牲畜组成的后勤保障队伍携带着400万公斤粮食和大批武器弹药，从青海省都兰县香日德出发，迤逦西行。

青藏高原的上空，响起了清脆悦耳却又分外厚重的驼铃声。

驼工和战士们一起跋涉沼泽地、横渡通天河、翻越唐古拉山，历经千难万险，耗时近四个月，徒步两千公里，于是年12月20日抵达拉萨。

这是新中国历史上青藏驼队的第一次进藏。

1951年12月18日在西宁西门外，隆重举行了欢送十世班禅大师返藏的仪式。时任中共中央西北局书记、西北军政委员会副主席的习仲勋，代表党中央和毛主席专程赶到西宁，会见班禅大师，并率甘肃青海党政军领导出席了由青海省内外各族僧俗群众参加的欢送仪式。那时，香日德至拉萨近两千公里的路途上除了凛冽的风雪、艰苦的行程，还有国民党残余势力的不时骚扰。负责护送班禅大师的重任又一次落在了西北西藏工委驼运总队身上。为此，1952年1月中旬，西北西藏工委驼运总队从甘肃民勤等地租借了3万余峰骆驼，从香日德出发，护送十世班禅返回西藏。

清脆的驼铃声再次回荡在旷远辽阔的雪域高原。

时值寒冬腊月，天气恶劣，路上多次遭遇特大风雪。多年以后，说起这些经历，老驼工们仍然唏嘘不已："翻越唐古拉山时，每天，都会有卧下就再也站不起来的骆驼……""在过通天河时，河面上漂浮着许多大大小小的冰块，骆驼体瘦如柴，过河很是艰难，很多驼工索性脱去棉衣，拉着骆驼，在冰冷刺骨的河水中行走。有时正走着，就被顺流而下的冰块击倒，葬身于通天河之中，上百峰骆驼也死在河里……"

那一次的进藏之路，就是这样步履维艰。

1952年4月28日，驼队抵达拉萨，胜利地完成了护送班禅大师返藏的任务。

1953年3月，完成护送班禅大师返藏任务之后的驼工们，大多又参加了中共中央西北局组建的西藏运输总队。王宝珊任总队长，慕生忠任政委，张子林为副总队长，任启明为副政委。驼工们拉着总队从甘肃、宁夏等地紧急收购的2.8万余峰骆驼，为了运送西藏亟须的粮食等物资，从香日德出发，再一次做好了挺进西藏的准备。

1953年11月13日，西藏运输总队将骆驼与驼工编成几队，向西藏分头进发。

巍巍昆仑，茫茫荒原，给驼工和骆驼设置了重重障碍。

多少次的寒气砭骨，多少回的风雪交加，多少夜的风餐露宿，多少天的爬冰卧雪……

有人倒毙于冰雪途中，有人冻掉了脚趾，有人从此落下了终身伤病……

这支青藏驼队在荒漠戈壁中跟死神赛跑，跟风沙较量。历经千辛万苦，终于完成了向西藏运粮的任务。据统计：从组建到撤销，西藏运输总队一共向西藏运输粮食 400 万斤。

伴随着叮咚作响的驼铃,这支英雄的驼队用汗水、用鲜血、用生命在荒原极地留下了一行行闪光的足迹。

这支队伍,正是莫河骆驼场的前身。西藏运输总队的队员,就是莫河骆驼场的第一代驼工。

二

驼铃声声,在戈壁,在草原,在青藏高原杳无人烟的土地上反复吟唱,带血,带泪,带着悲壮,带着自豪,也带着对新中国的一片赤诚。

忆及当年进藏的艰辛,已经 92 岁高龄、现定居敦煌的老驼工李得瑜感慨万千,他在回忆材料中这样写道:"当时每驼驮重二百四十斤,附捎每两峰驼五十斤的饲料,还有人员往返所需的主粮和副食,再加上锅碗炊具等,每峰骆驼的实际负重量都超过了四百斤。到了高海拔地区,很多人不适应,在行进中喘得不行,加之当时白天风特别大,我们只好白天驻营、放牧骆驼,晚上再行军。这样,几乎每天晚上都是一点钟行军到第二天早上十点钟。记得那年行至唐古拉山顶峰时,感觉天上的云雾与雪地连在了一起,头晕眼花,视线不清,很多人的鼻子是青的,嘴是紫的,要是走得快点根本喘不上来气。骆驼不断出现伤亡,人员也有伤亡。很多骆驼的驼掌被磨破了,加上高原上的草大多是鸡窝凹、锥锥草,骆驼蹄子一踏上就被锥破流血了,骆驼疼得不敢走,趴下就再也起不来。这样冻死、饿死的骆驼不在少数,看着这些像老伙计一样的骆驼离开你,让人特别心酸……"

当年拉着家中仅有的 8 峰骆驼参加驼队,如今已经作古的驼工姚明斌也曾记录了这一段刻骨铭心的往事："几次特大风雪，埋没了地上的羊肠小道，也掩盖了地上长的草，骆驼几天几夜吃不到一口草，显得弱不禁风。到了夜晚，不光人要爬冰卧雪，骆驼也是度夜如年。由于积雪太厚，骆驼卧在冰雪之中，第二天早晨，腹部已被冻结在地上。为了不影响赶路，人们硬是用撬杠将骆驼撬起来，结果，骆驼腹部的绒毛全被拔光了。由于吃不到草，骆驼还互相撕咬对方的绒毛充饥。可以想象，当时的困难有多么大！我们每天只能走几十里路，但是，那时候我们的信念是坚定的。"

几十年时光悄然而逝。如今，再翻看驼工们留存的那些笔记和文字材料，让人禁不住感叹唏嘘。朴实无华的文字中，透出一股难掩的苦涩、隐忍与坚毅。

近三千名汉、回等各族驼工，每人拉着7峰到8峰骆驼，凭借着不屈的信念，挑战生命的极限，完成了一次又一次看似不可能完成的运输任务。他们，原本只是能养骆驼、驯骆驼的普通驼工啊！

1954年，在慕生忠政委的率领下，1200名驼工和战士们一起，再次创造了人间奇迹：他们仅用七个月零四天的时间，就在世界屋脊上修出了长1283公里，人称"天路"的高原公路……

看似枯燥的数字背后，隐含着多少令人心动的故事和传奇。

《青海公路交通》一书中有这样的记载：

"利用骆驼从事长途运输，在我国曾有悠久历史。举世闻名的丝绸之路，在中西方贸易的古商道上，就是以驼运为主要方式的。历史上驼队运输的最大规模有多大？不见有准确的文献记载。千峰骆驼的运输驼队，应是较庞大的驼队。然而，新中国建立伊始的1951年至1954年中，在青海境内，曾组建过三支驼队进入西藏。沿着黄河、长江之源，跨越世界屋脊，进行艰苦卓绝的长途运输，这恐怕是空前绝后的驼运大军。"

参加运输的骆驼，有近 7 万峰左右倒在了运输途中……

这奉献与牺牲当中所蕴含的，是驼工们对新中国的满腔热望和义不容辞的责任与担当。

由驼工和骆驼组成的驼队，就这样不畏艰难、一往无前，在运粮援藏、护送班禅返藏、青藏筑路等重大历史事件中充当了重要的不可或缺的角色。

驼铃声声，回荡在云峰雪岭、荒漠戈壁，也回荡在每一位亲历者的心中，如诗如歌，袅袅不绝。

三

"风一阵，雪一阵，雄壮的驼队向前进。悦耳的驼铃高亢的强音，使命神圣向西藏进军。生命的禁区脚下走过，变为光辉历程。唐古拉的行云驼铃唱响，化作不朽的功勋……"

"风一阵，雪一阵，雄壮的驼队向前进，响驼铃，振驼铃，莫河大地升起亮丽的彩虹……"

这是莫河骆驼场的场歌——《驼铃唱响的牧场》。它记述了莫河骆驼场的前世今生，也颂扬了驼工们不朽的业绩和伟大的精神。侧耳聆听，你仿佛能够清晰地看到一队队骆驼顶风冒雪昂首前行的身影……

1954 年底，青藏公路通车，原西藏运输总队完成了它的历史使命。骆驼和驼工移交青海省，成立了新中国第一个国营骆驼场——柴达木骆驼总场。首任场长是张子林。场部后来迁至莫河。骆驼场的驼队运输区域东至茶卡，西至阿拉尔，北至大柴旦，南至香日德。

莫河骆驼场就此诞生。

2000多平方公里的戈壁滩上一片荒芜,一片凄清。驼工们没有怨言没有牢骚,他们砌灶升火,拓荒建场,植树造林。

建设初期,住的都是帐篷或地窝子,随后,一排排平房建起来了,一棵棵树木长高长大了……

驼工们和他们的后代发扬筚路蓝缕、勇往直前的驼队精神,吃大苦,流大汗,在瀚海戈壁上营造出了一片绿洲。

不到十多年的时间中,他们开垦荒地10万余亩,繁育牲畜上万头(只)。

同时,他们还承担着柴达木地区开发建设繁重的物资运输和剿匪任务。柴达木地区一座座拔地而起的新兴城镇,有他们驼来的一砖一瓦,更有他们驼来的粮食、布匹、盐、茶和各种民用、军用物资……

高原耐旱树种的婆娑声和清脆悦耳的驼铃声渐渐交融在一起,奏响了一曲戈壁荒原上新的乐章。

1959年来到莫河骆驼场,曾经在这里工作过19年的甘肃景泰人张永寿,提及当年,不禁感慨万端,他说:"我不是骆驼场的第一代驼工,但我对莫河骆驼场有很深很深的感情。我是在那儿参加工作的,我的几个孩子也都是在那儿长大的。因为有莫河骆驼场,我才能一辈子扎根青海。驼场的人真能吃苦啊。20世纪50年代的艰苦创业不用说了,就是到了六七十年代,莫河骆驼场依然很厉害,一切都靠自力更生。大家开荒种地,从事副业加工,连家属们也不例外。我们种青稞、种洋芋、种萝卜、养骆驼、也养猪养羊。我们有自己的副食加工厂,做醋、做酒、做粉条粉面,哪一样都不肯落下。我当时是修理收割机和拖拉机的,天天拿着说明书自己琢磨,挺上瘾的……"

如今,已经82岁的张永寿定居西宁。他说莫河骆驼场的经历是他人生中最难忘也最值得珍藏的记忆，他喜欢说自己是莫河人。虽然没有经历过进藏的艰辛，但总是为自己是莫河人而感到骄傲。

像张永寿这样，以莫河骆驼场的经历为荣的人不在少数。这是不难理解的，因为他们用汗水和心血浇灌过这片土地，在这块亘古荒凉的土地上创造了自己的幸福家园。

即使是莫河骆驼场以外的柴达木人，说起20世纪六七十年代的莫河骆驼场，也都不免喜形于色。在那个物资匮乏、商品紧缺的年代，很多东西都要凭票购买，莫河骆驼场生产的酒、奶、粉条、粉面、油、醋、驼毛、肉类，该有多么大的吸引力！

如今的莫河骆驼场，虽然没有了昔日的热闹景象，但它并没有淡出人们的视线。依托农业、牧业以及盐业开发，骆驼场不断拓展着自己的产业发展。加之它和茶卡盐湖天空之镜这一网红景区直线距离仅仅10公里，凭借其地缘优势，莫河引起了众多人的关注。越来越多的游客打卡莫河骆驼场，他们好奇，戈壁滩上何以会有这样一片美丽的绿洲，他们渴望了解它的历史，了解这片流淌着红色血脉的土地上到底有些什么故事，书写过怎样的传奇。莫河骆驼场的文化旅游产业于是得到较快发展，涌现出驼峰驿站等"网红"旅游民宿。

如果说，莫河骆驼场的前身，写满了荣光与辉煌。那么，今天的驼场人，同样创造和书写着新的历史篇章。

四

走进今天的莫河骆驼场，但见绿树成阴，鲜花朵朵，屋舍俨然。让人顿时觉得远离了都市的喧嚣，仿佛回到了20世纪八九十年代的城镇。

如今骆驼场最亮眼的建筑，莫过于它的陈列馆。

莫河骆驼场青藏驼队历史陈列馆建成于2018年6月，由莫河驼场20世纪六七十年代的老会议室改造而成，整个展馆面积近200平方米，白墙红瓦，与周边的驼场老房子和驼工礼堂相互映衬。

陈列馆院中，是一面鲜红的党旗，上面刻写着习近平总书记的重要论述：

革命博物馆、纪念馆、党史馆、烈士陵园等是党和国家红色基因库。要把红色资源作为坚定理想信念、加强党性修养的生动教材，讲好党的故事、革命的故事、根据地的故事、英雄和烈士的故事，加强革命传统教育、爱国主义教育、青少年思想道德教育，把红色基因传承好，确保红色江山永不变色。

党旗下面的基座上，是一列长长的驼队在昂首前行。

骆驼是这儿的大功臣，驼工都把它们视同手足，亲切地称它们为"哑巴兄弟"。莫河骆驼场的骆驼，乃柴达木双峰驼。现在骆驼场还有不少骆驼，它们都是当年那些英雄骆驼的后代，也是这片绿洲中的一道亮丽风景。

骆驼并不是高原的原生物种，但当它千里迢迢跟随主人来到高原以后，便在这里生息、繁衍、成长、扎根。驼工们又何尝不是如此呢？

关于骆驼场，还有这样一段趣话：1979年，国营青海省柴达木骆驼场划归海西州农牧局管理，骆驼场更名为"青海省海西州莫河畜牧场"。可是，当年那些老驼工们，怎么也无法接受这个新的名称。几经争取，直到2012年，畜牧场才又恢复了原名——青海省海西州莫河骆驼场。老职工的心这才畅快了。

或许，那一阵阵清脆的驼铃声中就包含着驼工们的气质和秉性吧，这气质和秉性早已化作血脉，流淌在一代代莫河人的身上和心上。

据陪同参观的莫河骆驼场青藏驼队历史陈列馆馆长张存虎介绍：2021年，莫河骆驼场专门在广场上修建了一座由驼工牵引着骆驼前进的"驼工魂"雕塑，用以凭吊英烈，铭记光辉历史。

走进陈列馆，首先映入眼帘的，是国家一级文物——一面用玻璃镜框装裱的五星红旗。虽然年代久远，五星红旗的长宽比例也不大标准，可当你知道，它是历史上第一面完整走过青藏线的五星红旗，更是历史上第一面挺进拉萨的五星红旗的时候，你如何能不对它心生敬意？

红旗的旁边就是泛着墨绿色的青铜驼铃，铃上系着红缨穗。这是1953年西藏运输总队头驼所佩戴的驼铃。它的声音响亮浑厚，能传三五千米之远。对于驼工们来说，驼铃就是号角，就是路标。前面骆驼走过的脚印，在漫天风雪中随时会被湮没，可循着驼铃声前进，保准不会迷失方向。

生锈的锹镐，破旧的水桶，草绿色的电影放映机，可载2000公斤物资的探路胶轮大车……一件件承载着历史风貌和岁月沧桑的老物件，仿佛在向人们印证和诉说着当年那段光辉的历史。

陈列馆分为七个展厅，第一展厅以解放西藏为主题，讲述了20世纪50年代西藏和平解放的时代背景、解放军进藏的历史；第二个展厅以十世班禅返回西藏为主题，讲述的是护送十世班禅返藏的老驼工和骆驼的事迹；第三展厅以西藏运输总队运粮援藏为主题，展示的是西藏运输总队运粮援藏的始末；第四展厅以修筑青藏公路为主题，展示了1200名驼工跟随慕生忠将军，用7个月零4天的时间贯通了青藏公路的艰苦历程；第五展厅以剿匪勘探为主题；第六展厅以驼运屯垦为主题，讲述的是在乌兰县、德令哈的城市建设初期，莫河驼队所做出的巨大贡献；第七展厅以传承红色基因、树立家国情怀为主题，集中展示了近年来莫河骆驼场的发展和它获得的各种荣誉。

据张存虎介绍：目前，莫河骆驼场青藏驼队历史陈列馆共展出相关历史文献近223份、实物383件、照片34张、雕塑1座、艺术品3件。其中，被评定为国家一级文物的有3件（套），国家二级文物的有6件（套），国家三级文物的有11件（套）。

从张馆长的介绍中我们得知：2020年9月，慕生忠将军的子女和原西藏运输总队副总队长张子林的家人还向莫河骆驼场青藏驼队历史陈列馆捐赠了三十多件物品和个人收藏品。其中有慕生忠将军生前用过的军用毛毯、竹制行李箱以及张子林场长的老式收音机。它们，为丰富陈列馆的展陈，宣传将军们及广大驼工的杰出贡献，提供了宝贵的原始资料……

说起馆藏，看上去内敛温和的张馆长变得话语滔滔。他来莫河的时间并不长，可一来就爱上了这片土地，并一次次被这片土地上发生的故事所打动。四年多时间，他一直在努力寻找当年进藏时牺牲驼工的埋葬地和他们的姓名。青海、甘肃，但凡得到一丁点信息，他都刻不容缓地前去查看。在他和同志们的努力下，2022年清明前夕，莫河骆驼场将已经寻找到的8位驼工的姓名镌刻在了"驼工魂"雕塑的基座下方。对此，中央电视台军事频道专门播出了专题片《你的名字》，片中刻写驼工姓名的那一瞬间，让无数观众为之动容。该片播出不久，在张存虎和乌兰县党史研究室的努力之下，又有三名驼工的原始档案在西格办被查找到……张存虎和从事这项工作的人都希望，那些无名英雄和他们的贡献，不要湮灭在历史的尘埃之中。

听着张馆长的介绍，看着眼前这一幅幅老照片和一个个老物件，仿佛触摸到了当年驼工们不计安危、不怕牺牲、勇于担当、奋勇前行的伟大情怀，一种崇高的敬意不禁油然而生……

那天采访结束，离开莫河骆驼场时，正值夕阳西下。辽阔的大地仿佛镀了金似的，闪烁出迷离而又醉人的光彩。

眼前，一棵棵树木笔直高大、郁郁葱葱。远处，一簇簇、一丛丛灌木林点缀在阔大的原野上，它们身旁，是一峰峰悠然信步的柴达木双峰驼。这些骆驼，该是那些在昔日的西藏之行中立下大功的骆驼们的后代吧，这样想着，就有一股温煦和亲切涌上心头。

车行渐远，苍凉的戈壁大漠，广袤的雪山草地，连同莫河骆驼场一起，在身后展现出一派雄浑壮美的西部风光。

耳边，又一次传来叮咚叮咚的驼铃声……

参考资料：

1. 孙学明 邵兰生 杨志军《喜马拉雅之谜——二十世纪人类的一次悲怆挺进》人民文学出版社，1989年9月版

2. 苏烽《莫河驼场，血肉筑就的一条希望之路》《青海日报》2021年4月14日

3. 部分资料来源于莫河骆驼场青藏驼队历史陈列馆

头枕昆仑巅
——慕生忠将军功耀青藏利泽高原

文／张旻

张旻

男，汉族。1986年出生于青海门源。鲁迅文学院第四十届高研班学员。有小说、散文散见于《青海湖》《青海日报》等报刊。

一

我小时候老听一个族里的长辈讲述他年轻时的故事,有一个印象很深,他说他年轻时被村里派到格尔木修路搞副业,坐在大卡车上走了三四天到了格尔木,修路苦大不说,最受不了天热的时候蚊子像雪一样往身上落,天冷的时候雪打在脸上像蚊子咬一样疼。路边随处能看到骆驼和马的骸骨,管事的人说那些骆驼和马的白骨是前人们修路、探路时留下的,至于前人是谁他也不知道。我后来推算长辈所说的"前人们"是在他去修路的前二十年。

后来我读了陈渠珍用半白半文写成的自传体小说《艽野尘梦》。陈渠珍民国时割据湘西,历经大起大落,赋闲在家后将自己年轻时奉清朝川军之命,驻军西藏的种种惊险经历写成《艽野尘梦》。他以"梦"轻谈青藏大危大险,最惊心动魄的一段就是辛亥革命爆发,清朝被推翻后,他只好带着自己的藏族恋人西原和130多名士兵穿越羌塘草原,翻过唐古拉,进入通天河上游流域,过盐湖、柴达木抵达湟源的经历。途中他们为了生存先是猎取野生动物,后又杀自己的马匹,后又抢劫路上的其他旅者,最后甚至到了残杀同伴以充饥的惨绝地步。走了半年到柴达木时剩下不到10人，他们所走的路线与今天的青藏公路基本一致。陈渠珍出西藏的这一年是1911年，带领革命军推翻清朝腐朽统治的孙中山先生开始构思绘制他的建国治国蓝图。蓝图中细述了青藏的交通规划，后来收录在《建国方略》，真正去完成孙中山先生这一伟大愿望的是他去世三十年后的一名中国共产党党员，中华人民共和国的一位开国少将。

2019年7月，我和表弟因他的事情从西宁出发开车去了一趟西藏羊八井，两天两夜就到达目的地，顺利办完事后原路返回。平坦的沥青大道，充足方便的出行补给，车内音箱播放《天路》的优美曲调，沿途尽收雄伟的风光，没有让我感受到任何艰辛的经历。翻过五道梁我就想起长辈所说的"前人们"，陈渠珍的经历，孙中山的《建国方略》，以及那位开通青藏公路的伟大英雄。

格尔木，这个青海的"西部城市"，这个集工业、商业、农业为一体的闪亮着金色的城市，其点石成金的人就是慕生忠将军。当然这是用历史宏观回望的慷慨评价，细微地去看那代人筚路蓝缕，日复一日埋头苦干的付出，马上让人心生敬畏。我们到了格尔木，专门去看这位英雄的纪念馆——慕生忠将军纪念馆。大家都叫它将军楼。慕生忠将军在苍凉的戈壁滩上扎营，才有了今天的格尔木城，这是格尔木这座西部年轻城市诞生最初的种子核。慕生忠将军从这里带着士兵开始修建进西藏的公路，青藏公路这条最艰险的路段就是从将军楼出发的。纪念馆外的公园里有一座化剑为犁形象的雕塑，实际上是化剑为镐和锨，这是慕生忠从青年时期就拿起武器历经新民主革命、解放战争后又拿起铁锨和镐头筑路的老英雄的生命写照。

二

1994年10月下旬,人们怀着崇敬、悲痛的心情把慕生忠老将军的骨灰撒在昆仑山口、沱沱河中、唐古拉山上……深秋的寒风悲怆地吹,刺骨的河水呜咽地流,那些往来车辆的人们知道是慕生忠将军的骨灰要撒在青藏公路沿途的山水大地上,久久鸣笛默哀。他们常年奔波在路途中,深知行路难,也深知修青藏公路的难度更是胜过上青天,这不是比喻。1954年,慕生忠用7个月零四天的时间,带领1000多人攻克一个个难关,闯过一道道险阻,打通青藏公路这条天堑。成为至今都让人叹为观止的奇迹。毛主席曾有诗句:"世上无难事,只要肯登攀。"修建青藏公路在当时就是"登攀"人类历史上最难的事情。

三

慕生忠1910年出生于陕西省吴堡县,吴堡县是1947年中共中央东渡黄河的地方,这块土地上出现了为新民主主义革命、反抗日本侵略、解放全国中牺牲的英雄贾仰青、薛翰臣、慕生桂、贾征远、薛英桂等革命烈士;出现了奋笔疾书,反映社会主义革命在中国农村发生深刻变化的著名作家柳青。早在1930年,慕生忠敬慕陕北革命领导人刘志丹,追随他投身到新民主主义革命,1933年成为一名共产党员,并化名艾拯民,潜入虎穴手刃杀害父母的恶霸及反动头目二十余人,成为陕北革命根据地人人称赞的好男儿,刘志丹送他"艾大胆"的称号。他先后担任陕北红军五支队政委、红五团政委、红二十五纵队政委等职务,带领自己的队伍在晋北大地上发展革命根据地,扰乱国民党反动派的围剿计划,扰得阎锡山曾以十万大洋的重金悬赏他的人头。中央红军北上后，慕生忠任陕北省军事部参谋长，绥德地委委员兼吴堡县委书记等职务。解放大西北时他任第一野战军民运部部长，承担后勤运输保障工作，为解放大西北及青海做好了充足的后勤物资运输保障。

四

1950年初，毛主席指示西南局在成都成立中国共产党西藏工作委员会，主要负责西藏情况分析、干部培养、交通修筑、军事训练，西藏工委由西南局领导，西北局为了协助和平解放西藏，1951年在兰州成立了西北西藏工作委员会，由范明和慕生忠负责。1951年5月中央与西藏地方政府签订《关于和平解放西藏办法的协议》，西藏和平解放工作拉开历史序幕。中央立即让西南军区组建进藏部队十八军，由西藏工委带领，从四川一边修路一边向西藏进军。同时，让西北军区也组成进藏部队十八军独立支队，由西北西藏工委率领从青海进入西藏，策应中央西藏工委和十八军和平解放西藏，独立支队以范明为司令员兼政治委员、慕生忠担任副总指挥，后慕生忠担任政治委员。西北西藏工委和十八军独立支队不仅要和平解放西藏，还有一个重要的任务就是护送十世班禅大师进藏，回到热爱他、期盼他的西藏人民群众中。据牙含章先生回忆，当时周总理指示，十世班禅的行辕要有一个先遣队先进入拉萨，先遣队负责人由堪布会议厅代表札萨（该厅最高文员）计晋美和十八军独立支队的范明、慕生忠承担，即由十八军独立支队担负护送十世班禅进藏。独立支队分三个梯队进藏，第一梯队由范明、慕生忠率领，主要任务就是探查十世班禅大师的进藏路线，并把在兰州成立的西北西藏工委机关迁入拉萨。第二梯队护送十世班禅堪布厅的工作人员和物资；第三梯队护送十世班禅进入拉萨。

慕生忠在北京接到十八军独立支队副总指挥任务后，回到工作、生活的兰州，他到照相馆拍了一沓照片赠送给亲友，赠送时说同样的一句话："我如果死在了那个地方，这就是永久的留念！"面对当时世界上最艰辛的征程，他既没有显示出生死离别前的忧伤与悲壮，而是共产党人"万水千山只等闲"的平常心态。独立支队1100余名指战员于1951年8月12日从西宁出发，当时正值是青藏高原风景最美、气候最宜人的季节，加之从西宁到香日德的公路在1950年初中央军委副主席、西北军政委员会主席彭德怀的指示下已初步建成，独立支队从西宁出发后一路高歌挺进，士气很是高涨。但到了日月山独立支队就感受到了高海拔气候特征带来的困难，有些战士开始头晕恶心、浑身无力。为了鼓舞士气，出生在关中地区的范明和慕生忠带头吼起秦腔，战士们看到司令员和政委精神饱满，士气一下子就提高了。到达香日德班禅行辕稍做调整后，独立支队向昆仑山地区挺进。进入通天河上游，高原露出本来的面目，雄壮的风光渐渐变成不同特征的巨大阻挡，巍峨的高山上是致命的瘴气，清澈的河水波浪汹涌，青翠的草原则成了无垠的荒寂，温柔的沼泽随时吞噬生命，呼啦的风莽撞得几乎可以把人打倒，成群野兽狰狞尾随，危机从四面八方向独立支队包围而来。部队向前艰难挪动，严重的高原反应，让战士们呼吸困难，头痛胸闷，恶心呕吐，昏倒在地。就连马和骆驼都困乏无力，部队行进速度极其缓慢，走不了多长路就要停下来喘气休息。

沼泽夺走了二十多位解放军生命，损失了四百多头牲口。

抢渡通天河牺牲了八人，损失了上百头牲口。

独立支队艰难地行走了一个多月，于10月下旬抵达唐古拉山下，这个时候战士们已经慢慢适应了高原反应，积累了高原行军的经验，但是横亘大家面前的唐古拉又给大家带来巨大考验。面对进藏路上最艰险的路，慕生忠没有说太多鼓励大家的豪言壮语，而是身先士卒，带着大家克服重重困难，整整用了七天七夜时间翻了过去，这个伟大的壮举不管是当时的经历者讲出来，还是今天我用文字写出来，都会淡化他们当时的艰辛场景。在翻越唐古拉山的最后一天，大家在山坡休息，午夜时分一阵轰隆隆的声响伴随天摇地动将大家惊醒——是唐古拉地区最频发的地震。在北京负责十世班禅大师进藏的李维汉后来对独立支队的司令员范明说："接到独立支队遭遇地震电报的那天夜里，毛主席派人到地震局询问情况，知道是八级地震。毛主席说：'要他们快转移，能跑出多少人是多少人，别包了饺子！'"当毛主席担心独立支队安危的时候，独立支队以零伤亡英勇地翻过了唐古拉，以诗句"三军过后尽开颜"向大家报平安又报捷。11月27日，独立支队第一梯队穿过黑河、当雄、羊八井，胜利抵达拉萨，与川藏线先抵达的十八军会师，西北西藏工委会并入西藏工委，慕生忠担任西藏工委组织部部长。而独立支队还要陆续担负十世班禅的进藏的重任，独立支队第二梯队主要护送班禅堪布会议厅人员，共有二百多人，有一半是解放军指战员，他们是从军中挑选的精华，另一半是从青海招募的藏族青年，他们都是坚决拥护新生人民政权的爱国青年，有部分人还有过入藏经历，第二梯队的入藏非常顺利，于1951年12月初到达拉萨。剩下就是最重要的第三梯队护送班禅大师进藏。

  1951年12月，十世班禅大师在中央人民政府的关怀和帮助下，决定从西宁启程进入拉萨，这是十世班禅大师第一次进藏，党中央和毛主席十分关心十世班禅大师进藏事宜，毛主席专门委派时任西北军政委员会副主席习仲勋同志为代表专程到西宁送行。已经进藏的慕生忠和独立支队责任非常重大，当时他身兼西藏工委常委、组织部部长、独立支队政委，是负责班禅大师进藏的重要人员。12月19日，班禅大师从西宁正式启程前往拉萨。青海界内在牙含章等人的护送下分乘多辆汽车，从西宁出发前往香日德。独立支队第三梯队分左、右、前、后行军保卫班禅行辕。一路上前来膜拜班禅大师的藏族群众非常多，独立支队既要保证班禅大师的安全，又要尊重藏族群众信仰，所以护送队伍走得很慢，到1952年3月初才翻过唐古拉山。护送班禅的队伍进入西藏的黑河后，独立支队的司令员范明和政委慕生忠亲自去指挥独立支队第三梯队。从九世班禅离开西藏到十世班禅返藏，这中间隔了二十九年，据护送班禅大师的牙含章先生回忆："对班禅大师极度尊敬的西藏群众得知班禅大师返回路上迎接的人非常多。独立支队要求战士们主动帮助迎接群众推车运物，还给沿路的牧民们免费治病，严格执行三大纪律八项注意，对他们平等相待。当地牧民从来没有见过纪律这样好，这样主动帮助他们的军队。"1952年4月28日，十世班禅大师顺利进入拉萨，对慕生忠将军的护送非常感激。1982年，时任全国人大常委会副委员长、全国政协副主席的十世班禅大师视察甘南时，感谢时任甘肃省政协副主席的慕生忠当年的护送之情。2017年7月，十一世班禅大师到格尔木视察时，亲临慕生忠将军纪念馆参观，十一世班禅大师仔细观看了慕生忠将军的故居和生前生活用品，表达了对慕生忠将军的敬佩之情。

五

西藏和平解放后，三万多名解放军和进藏工作人员的吃饭成了大问题。西藏的粮食和物资极度匮乏，当时毛主席指示进军西藏部队不要吃地方，粮食从内地运。为此西藏工委成立西藏运输总队，向西藏运粮和物资的工作自然由熟悉进藏线路的慕生忠接任，西藏工委任命他兼任西藏运输总队政委。慕生忠返回兰州执行西藏运粮工作，当时国家从甘肃、宁夏、青海、内蒙古、陕西购买了 26000 多峰骆驼。其中用 17000 峰骆驼和大量的马、牦牛把从全国各地千辛万苦征购的粮食从香日德驮运到拉萨。赶着这么多牲畜运送物资，不仅在西藏历史上没有过，在人类史上也几乎不曾有过如此浩大的牲畜运输队，有时候驮运队通过一个狭窄路口就得走一天。这次运输粮食物资进藏其艰巨远比第一次进藏，进入高山地区的外来骆驼无法啃食草原低矮的草，有些骆驼很快就瘦弱起来，甚至出现了死亡。到了唐古拉地区，运粮队开始有同志牺牲，看着战友们的遗体慕生忠愧疚地问自己："我怎么就这样没有本事？"他擦干眼泪说："我们不能把同志扔下不管，我们要让死去的同志跟上队伍一起走。"慕生忠专门把牺牲战友的每具遗体想办法封存在寒冷的高山中，驮队出藏时又把三十具战友的遗体就带到格尔木，安葬在格尔木以北的荒郊。据说今天格尔木烈士陵园起始于这些进藏英雄的安魂地。

六

驻西藏部队和工作人员的粮食就靠驼队的往来暂时解决了，作为运输队的政委，慕生忠没有任何喜悦，他知道西藏的社会事业一天天在发展壮大，骆驼、牦牛和马终归跟不上西藏大发展的运输保障，他只有一个愿望，一定要修通从青海到西藏的公路。但由于新中国刚建立不久，国家正处于财政物资最匮乏时期，修建这条公路一切外部条件都不成熟。1952 年 2 月，他行脚匆匆地赶到北京，找到自己的老领导彭德怀，彭德怀对西北的交通道路修建十分关心和重视，当慕生忠把修建格尔木到拉萨公路的方案汇报彭德怀时，彭德怀被他列出的修建青藏公路的方案打动，也认为修建这条公路很有必要。但也提醒慕生忠当前国家财政紧张，很难得到大量的人、财、物的支持。此时的慕生忠只希望国务院和军委同意就可以，一切困难自己解决。彭德怀把慕生忠的方案提交给周总理，周总理很快就批示修建从青海进藏的公路。随后彭德怀立即划拨30万元经费和10辆卡车，以及简单的工具。慕生忠知道，在当时能拿出这些保障，已经充分显示国家领导人对修建青藏公路的决心。很多年后，慕生忠回忆起来都不敢相信自己居然跑到北京以个人名义申请修建这么艰巨的工程，他幸运参与主导这个人类交通史上的奇迹，更幸运地见识了周总理和彭德怀在大事上当机立断的行事风格和人格魅力。

　　1954年5月11日，慕生忠带领1200名修路战士和驼工从格尔木一锹一镐开始向拉萨挺进。他提出不搞大会战、竞赛大比拼等劳动过量容易导致高原反应的劳动项目，一有空闲自己身先士卒，抡大锤，挖路基，每修建好一段险路，他第一个试车。当第一座桥建成后，指挥建造天涯桥的工程师邓郁清请求试车，慕生忠说："你是修路队唯一的工程师，修桥你来负责，试车由我负责，我要是牺牲了还有副总指挥、队长、连长、班长，你要是有危险，这个队伍里还有谁能顶替？"通车成功后，慕生忠当即给这座天桥命名天涯桥。青藏公路通车两年后，陈毅元帅视察时路过天涯桥改名为昆仑桥。当年的八一建军节来临时修路队已经修通了格尔木到可可西里的路段，慕生忠进京向彭德怀汇报了修路进展情况，彭德怀听后非常高兴，立即从军费中划拨200万元，工兵1000人，汽车100辆进行支援。当公路修到唐古拉地区时，慕生忠将军写了一首叫《夜宿陶儿久》的小诗：

头枕昆仑肩，脚踏怒江头。

零下三十度，夜宿陶儿久。

上盖冰雪被，下铺冻土层。

熊黑是邻居，仰面看星斗。

1954年12月20日，公路胜利修到拉萨市，用时7个月零4天，完成了格尔木至拉萨1227公里汽车简易公路，与川藏公路同时通车。

1955年国庆慕生忠被授予少将军衔。

1956年秋天，彭德怀元帅视察格尔木登上昆仑山口，看着伸向西藏的公路对身边的慕生忠说："感谢我们的筑路英雄们为开辟青藏公路付出的辛劳，应该为你们写一本书。"

1982年5月，72岁的慕生忠再次来到昆仑山口。看着不断修建改善趋于现代化的青藏公路激动地说："彭老总若九泉有灵，再来视察一下幸福路该有多好啊！"

慕生忠将军离休后，有媒体和老下属说起他是"青藏公路之父"，他始终不认同这个提法，一提起青藏公路他会说出一长串跟他一起修路同志和战友的名字：任启明、宋剑伯、张兆祥、张炳武、何畏、杨景震、张震寰、朱飞、张启华……